Natura

ou les Secrets du Livre de la Nature

Case postale 133
1213 Onex (Genève) - Suisse

Dépôt légal :
Bibliothèque de Genève (BGE)
Bibliothèque Nationale Suisse - Berne
3e trimestre 2013

Imprimerie : Irudi - Espagne

Papier FSC
par respect envers la Nature

FSC

ISBN 978-2-940448-36-4

Illustration de couverture : © Lucidaëlle
Maquette : Élodie Lelong

Natura

ou les Secrets du Livre de la Nature

De Pierre Lassalle

Avec la collaboration de Céline Lassalle & Lucidaëlle

Hors Collection

Terre de Lumière

Remerciements

À Lucidaëlle, jeune et talentueuse artiste, qui nous montre, sur la couverture de ce livre, sa vision de la Déesse Natura ou Mère Nature. Cette Imagination (ou image spirituelle) lui a été inspirée par la Déesse Natura elle-même, qui nous apparaît ici telle une magicienne jouant avec les forces et les lois de la Nature. Par l'intermédiaire de cette image, très riche en « éléments naturels », Lucidaëlle a su unir ou fusionner la dimension de la Nature connue ou visible pour chacun, avec la dimension invisible ou cachée au regard profane. Cette synthèse nous présente une vision de la réalité de la Nature, avec son chef d'orchestre ou son maître d'œuvre qui est la Déesse Natura (présentée dans cet ouvrage).
Et aussi pour ses esquisses sur les êtres de la Nature, où Lucidaëlle a bien retraduit leur essence tout en mouvement.
En associant l'art à la méditation, Lucidaëlle révèle par l'image des secrets de la sagesse de la Nature, et nous les rend immédiatement accessibles, au moins par le cœur.
Notez qu'il ne faut pas confondre Gaïa, la planète elle-même, avec la Déesse Natura qui s'occupe de la Nature (ceci sera expliqué dans le cours de cet ouvrage).

À Céline Lassalle, pour ses corrections avisées, ainsi que ses suggestions éclairées, qui m'ont permis d'améliorer mon texte ou de le préciser.
Mais plus encore, pour ses quatre poèmes inspirés, en hommage aux quatre Archanges des saisons... Céline a bien su saisir et retraduire l'esprit, ainsi que le but de chacun d'entre eux. Et aussi pour ses «chansoèmes» sur les êtres de la Nature, où Céline a bien capté et exprimé leur aspect énergétique, et spécifique à chaque élément.

Sommaire

Chapitre 1 : Écosophie 1

La Nature à l'extérieur et à l'intérieur de l'être humain ~ **21**

La reconnexion avec la Terre et le Ciel - - - - - - - - - - - - 28

• **Exercice 1: S'ancrer à la Terre** 32

• **Processus de la Méthode Résilience** 36

Chapitre 2 : Écosophie 2

Le rythme de l'année et les fêtes sacrées ~ ~ ~ ~ ~ ~ ~ ~ **39**

Chapitre 3 : Écosophie 3

La guérison et la rédemption de la Nature ~ ~ ~ ~ ~ ~ ~ **57**

Chapitre 4 : Naturosophie 1

La Nature : ce sont des êtres ! ~ ~ ~ ~ ~ ~ ~ ~ ~ ~ ~ **85**

Chapitre 5 : Naturosophie 2

La Déesse Natura et le Nouveau Monde ~ ~ ~ ~ ~ ~ ~ **111**

Rencontre avec la Nature - 118

• **Exercice 2 : Se décharger dans la Terre** 119

• **Exercice 3: Se recharger à un arbre** 121

• **Exercice 4 : Se régénérer aux Forces de Vie** 122

Intermède Intime ~ ~ ~ ~ ~ ~ ~ ~ ~ ~ ~ **125**

Chapitre 6 : Les Saisons (1)

L'Automne ~ ~ ~ ~ ~ ~ ~ ~ ~ ~ ~ ~ ~ ~ ~ ~ ~ ~ **137**

Perception des êtres de la Nature ~ ~ ~ ~ ~ ~ ~ ~ ~ ~ ~ ~ ~ ~ 138

- **Exercice 5 : Rencontre avec un être de la Nature** 139
- **Exercice 6 : Don à la Nature** 142

Chapitre 7 : Les Saisons (2)

L'Hiver ~ ~ ~ ~ ~ ~ ~ ~ ~ ~ ~ ~ ~ ~ ~ ~ ~ ~ ~ **165**

- **L'Imagination de Noël : La Vierge et l'Enfant** 183

Chapitre 8 : Les Saisons (3)

Le Printemps ~ ~ ~ ~ ~ ~ ~ ~ ~ ~ ~ ~ ~ ~ ~ ~ **191**

Chapitre 9 : Les Saisons (4)

L'Été ~ ~ ~ ~ ~ ~ ~ ~ ~ ~ ~ ~ ~ ~ ~ ~ ~ ~ ~ **213**

- **L'Imagination d'Uriel & Natura** 229

La Nature en l'être humain ~ ~ ~ ~ ~ ~ ~ ~ ~ ~ ~ ~ ~ ~ ~ ~ 232

- **Premier exercice : Vous êtes le roi ou la reine...** 236
- **Deuxième exercice : Rencontre avec... ses ministres** 237
  (Exercice méditatif des quatre corps)

Bibliographie ~ ~ ~ ~ ~ ~ ~ ~ ~ ~ ~ ~ ~ ~ **242**

Introduction

Nous vous proposons un ouvrage traitant des différents aspects de la Nature.

Ce travail se place au croisement de l'écologie, dans son souhait d'étudier et de comprendre la Nature, depuis son point de vue scientifique et matérialiste ; et de la spiritualité, dans son vœu de rencontrer les forces et les lois à l'œuvre dans la Nature, avec un point de vue spiritualiste.

Mais, plutôt que de traiter d'écologie, qui regroupe un ensemble de sciences, nous préférons parler de la dimension universelle, pratique et spirituelle de la Nature, que nous nommerons « Écosophie ».

Et plutôt que de parler d'un ésotérisme folklorique de la Nature (« Allons à la chasse aux gnomes, tralali, tralalère ! »), avec tous ses faux mystères concernant les pseudos-rencontres avec des êtres de la Nature, nous préférons parler de la dimension universelle, pratique et spirituelle de la Nature, que nous nommerons « Naturosophie ».

Que signifie le mot « écosophie » ?

Nous ne sommes pas le premier à employer ce néologisme, d'autres l'ont fait avant nous. Toutefois, nous souhaitons le définir, afin d'expliciter ce que nous « plaçons » derrière ce mot.

Écosophie est constitué étymologiquement de deux mots grecs : *oikos*, qui signifie l'habitat, la maison, le foyer, le lieu ou l'environnement naturel ; et de *sophia* qui signifie sagesse ou connaissance, mais dans le sens d'une sagesse qui doit être manifestée, c'est-à-dire pratique, et non pas seulement pensée. D'ailleurs, tous les mots terminés par le suffixe « logie » signifient une étude ou une recherche qui s'adresse davantage au domaine de la pensée, tandis que les mots qui se terminent par le suffixe « sophie » soulignent davantage une connaissance appliquée dans l'action, donc associant la pensée à la volonté.

Ainsi, définissons-nous le mot « écosophie »: sagesse ou connaissance pratique à l'œuvre dans le domaine de l'habitat humain, aussi bien dans le sens commun du foyer ou de la maison (lieu de vie), que dans le sens plus large qui est celui de la Nature.
L'application écosophique dans la maison (lieu de vie) ne sera pas traitée dans cet ouvrage, mais fera l'objet d'une étude concrète ultérieure.
En revanche, ce livre expose les applications de l'écosophie par rapport à la Nature. Dans ce sens, de nombreux exercices pratiques seront proposés au lecteur, dans le but de la guérison ou rédemption de la Nature, afin que l'être humain ressente sa responsabilité, sans aucune forme de culpabilité, dans l'état d'esprit d'une union correcte avec la Nature.

Que signifie le mot « naturosophie »?

Nous ne sommes pas le premier, non plus, à utiliser ce mot qui est parfois proposé comme un synonyme du mot « naturopathie ».
La Naturosophie, qui dans notre interprétation n'a rien à voir avec une quelconque médecine ou méthode de guérison, est essentiellement la sagesse ou connaissance pratique des forces et des lois de la Nature, qui en réalité sont des êtres.
Étymologiquement, le mot « naturosophie » est constitué du mot latin *natura* qui signifie « ce qui existe depuis la naissance », et du mot grec *sophia* vu plus haut.

Ainsi, le lecteur découvrira deux parties se complétant au sein de cet ouvrage:
- ***La partie écosophique*** qui correspond au mode de vie de l'être humain en bonne intelligence avec la Nature, puisqu'il en fait partie intégrante: connaissance concrète des fêtes sacrées de l'année, afin d'établir un rythme annuel en accord avec les quatre saisons, pour trouver équilibre, harmonie et paix dans son existence.

- ***La partie naturosophique*** qui correspond à une connaissance concrète des forces et des lois naturelles, qui sont des êtres avec

lesquels nous pouvons entrer en contact, non pas dans le but de nous amuser ou de « consommer » des émotions pseudos ésotériques, mais plutôt de les comprendre et de progresser vers une collaboration avec eux.
Cet ouvrage crée un pont entre, d'une part, les ouvrages d'écologie, plutôt scientifiques et/ou politiques, et, d'autre part, les livres ésotériques parlant davantage du folklore dans la Nature.
Généralement, les ouvrages d'écologie s'arrêtent, très superficiellement, aux problèmes extérieurs, matériels ou économiques engendrés par le mode de vie matérialiste, libéral et individualiste de l'humain postmoderne, mais sans trop insister sur le fait que nous devrions changer notre mode de vie pour éviter de détruire la Nature.
Les seuls qui soient intéressants dans ce domaine, sont les livres d'écologie profonde (*deep ecology*), une philosophie environnementale et pratique créée par le philosophe norvégien Arne Næss (1912-2009), dans les années '70, qui creuse en profondeur et regarde en face les vrais problèmes, et leur apporte des solutions (cf. *Écologie, Communauté et Style de Vie*, d'Arne Næss, Éditions Dehors, 2013).

Quant aux ouvrages d'ésotérisme ou de pseudo spiritualité, ils se consacrent essentiellement au folklore concernant la Nature : les fées et autres êtres de la Nature. Qui sont-ils ? Comment les rencontrer ? (Très important de donner des « trucs » pour tous les consommateurs individualistes et égoïstes, afin qu'ils aient l'illusion qu'ils vont pouvoir rencontrer une belle petite fée !).
Notez que les auteurs qui écrivent ce type d'ouvrages, plus ou moins bien documentés, sont incapables de rencontrer réellement le moindre elfe ou gnome, car la grande majorité n'est pas clairvoyante ! Ce sont donc des arnaques !

Dans ce type d'écrits, seuls sont vraiment intéressants ceux qui compilent des histoires ou légendes sur le « petit peuple » (fées, gnomes, ondines, elfes, etc.), et ceux qui sont écrits par de véritables clairvoyants (très rares !).

Quant aux ouvrages traitant d'une manière concrète des fêtes sacrées de l'année, afin d'obtenir un manuel pratique et d'instaurer ainsi un rythme équilibré à sa vie... ils sont rarissimes !

Cet ouvrage n'est relié à aucune religion ou tradition folklorique ou ésotérique.
Il ne présente que le résultat du travail de l'auteur.
Oui, l'auteur est clairvoyant et il rencontre régulièrement toutes sortes d'êtres, aussi bien dans le monde spirituel (le monde d'en haut), que dans le monde situé à l'arrière-plan de la Nature.
Dans cet ordre d'idée, il vous narrera certaines rencontres qu'il a vécues avec Dame Natura ou encore la Déesse Natura, l'antique Perséphone ou Proserpine, c'est-à-dire une haute entité spirituelle qui s'est liée avec la Terre, il y a bien longtemps, afin de s'occuper de la Nature qu'elle personnifie depuis des milliers d'années.
C'est la raison pour laquelle nous avons placé son nom dans le titre de cet ouvrage : *Natura ou les Secrets du Livre de la Nature*.
Si nous avons choisi ce titre, c'est tout simplement parce que nous avons rencontré Dame Natura, la Déesse de la Nature, et que nous lui avons demandé ce qu'elle souhaitait faire passer comme message dans l'ouvrage que vous lisez actuellement.
Ainsi, dans ce livre, il n'y a aucune place pour l'intellectualisme ni les spéculations ou rêveries : l'affaire est trop grave !

Il est temps que l'être humain cesse ses gamineries en piquant des crises qui l'amènent à détruire la Nature !
La solution existe pour en finir avec ce massacre et œuvrer à la guérison-rédemption de la Nature, et elle figure dans cet ouvrage.
L'auteur n'a aucunement pour but de présenter sa haute sagesse ni ses merveilleux points de vue : il expose simplement la situation telle qu'elle lui apparaît, grâce à ses facultés spirituelles, et il montre les solutions universelles espérées par Dame Natura.
L'auteur ne présente donc aucun point de vue qui lui soit propre : il

s'efface derrière le drame vivant et la Déesse Natura.
Libre à chacun de faire son choix...

Le premier constat que beaucoup ont déjà fait avant nous est que notre intellect « malade » nous fait tout découper en petits morceaux. Ainsi, l'être humain de notre temps imagine qu'il y a d'une part l'être humain, et d'autre part la Nature dont il serait coupé : c'est une grave illusion !
Or, c'est en maintenant cette illusion que l'humanité peut détruire la Nature, sans même se rendre compte qu'elle extermine ainsi la vie humaine.
Seule l'extrême séparation dans laquelle vit l'humain par rapport à la Nature, et aussi avec les autres individus (et qui est une sorte de schizophrénie), lui fait croire qu'il est distinct de la Nature, et qu'il peut l'utiliser à sa guise selon ses besoins égoïstes ou individualistes. En réalité, c'est du suicide !
L'être humain fait partie intégrante de la Nature. Il en est l'élément le plus conscient, et en tant que tel, il a la responsabilité de la rédempter... et non de la détruire !
Nous le démontrerons...

Cet ouvrage fournit une base d'enseignement sur ce qu'est véritablement la Nature, en trouvant un juste milieu entre la science écologique et le folklore pseudo ésotérique.
Il souligne l'appartenance de l'être humain à la Nature.
Il montre que les forces et les lois de la Nature sont autant d'êtres vivants, quoiqu'invisibles à l'œil humain.
Il présente Dame Natura, la splendide entité spirituelle qui régit la totalité de la Nature terrestre : un peu de son histoire vous sera révélée, ainsi que des rencontres avec l'auteur.
Le rythme de l'année, scandé par les fêtes sacrées, vous est proposé d'une manière pratique avec des exercices et réflexions méditatives, dans le but de vous créer une juste harmonie de vie tout au long de l'année.
La guérison et la rédemption de la Nature sont abordées, afin que

l'être humain devienne un collaborateur de la Nature, et plus jamais son bourreau !
Enfin, les quatre saisons sont présentées, à différents niveaux, avec leurs fêtes sacrées et les principaux êtres et entités spirituelles qui s'en occupent.
Cet ouvrage pourra vous accompagner tout au long de votre vie, afin d'en augmenter le sens et la qualité.

Bonne lecture…

Pierre Lassalle

Écosophe et Naturosophe
Serviteur de la Déesse Natura

Chapitre 1

Écosophie 1

La Nature à l'extérieur et à l'intérieur de l'être humain

Notre civilisation matérialiste, libérale et individualiste a éjecté la Nature de l'être humain, au point que certains « humanistes » opposent l'homme à la Nature.
Aujourd'hui, la majorité des individus reconnaît que la Nature est en danger et qu'il faut faire « quelque chose ».
Les pays se réunissent et décident de réduire les gaz à effets de serre de 2,5 % en progressant de 0,5 % par an, ou prennent d'autres mesures encore plus ridicules que celle-ci !
En résumé, rien n'est fait pour arrêter la destruction de la Nature : et plus les pays détruisent, et moins ils veulent faire d'efforts pour stopper le massacre ! Ceci, bien évidemment, au nom du sacro-saint « marché » économique qui ne doit, en aucun cas, être restreint d'une quelconque manière.
Ainsi, il est de la plus haute importance que l'être humain consumériste continue de satisfaire le moindre de ses désirs égoïstes : « Consommez et ne vous occupez pas du reste ! », tel pourrait être le leitmotiv de l'homme postmoderne !

Bien sûr, l'être humain se sent coupable de contribuer à une telle destruction, mais il obéit tout de même aux sirènes qui lui recommandent de se laisser aller à ses penchants égoïstes… du moment qu'il consomme, alors « tout va bien » !
D'ailleurs, c'est à se demander si l'humain est toujours un être ou s'il est simplement devenu un « consommateur ».
Mais, qu'est-ce qu'un « consommateur » ?
Un idiot qui fait un somme !…. Ou quelqu'un auquel on a dit : « Je vous somme d'être un c.. ! »

Pourquoi l'être humain détruit-il la Nature ? Telle est la question que nous pourrions nous poser.

Il est vrai que c'est une question qui peut paraître absurde. En effet, comment l'être humain pourrait-il détruire la Nature tout en sachant que c'est grâce à elle qu'il se nourrit : si la Nature meurt, c'est la famine mondiale !
Par exemple, notre mode de vie tue les abeilles ! Il a été prouvé plusieurs fois que ce sont les pesticides qui les tuent. Or, Albert Einstein avait dit que si les abeilles disparaissaient, l'humanité n'y survivrait pas plus de quatre ans !
Il n'empêche que nous tuons les abeilles !
L'humain est tellement coupé de la Nature qu'il ne se sent pas responsable de sa destruction, et qu'il trouve normal d'utiliser la Nature pour ses besoins sans se poser de question.
Il « pompe » la Nature, la pille, sans même se rendre compte que ses ressources ne sont pas infinies…
Cette forme d'égoïsme et/ou d'individualisme intellectuel est tellement débile qu'il amène l'individu à scier la branche sur laquelle il est assis !
Si c'est ça un « consommateur »… il vaudrait mieux que chacun redevienne un être humain au plus vite… pendant qu'il en est encore temps !

Culpabilité, insécurité et agressivité

Bien évidemment, chaque être humain sait qu'il contribue à la destruction de la Nature, et que c'est dû à son mode de vie matérialiste, libéral, utilitariste et individualiste, en bref, le consommateur qui « prend » et « pille » tout, sans jamais rien donner de lui-même.
Il y a de quoi se sentir coupable.
Et l'Occidental se sent terriblement coupable.
Il faut savoir que la culpabilité, et la honte qui l'accompagne, engendre toujours l'appel inconscient à la punition. En somme : « Je me sens coupable, alors punissez-moi ! »
Il est facile de comprendre que cet état intérieur (culpabilité et honte, et appel à la punition) génère beaucoup de peurs, ainsi que l'insécurité.
« Si je suis méchant et destructeur, je dois être puni… Mais, alors, que va-t-il m'arriver ? Que vont-ils me faire ? »
C'est quelque peu « gaulois » sur les bords, n'est-ce pas ?!

Joanna Macy, une éco-philosophe américaine engagée (cf. son ouvrage *Écopsychologie pratique et rituels pour la Terre*, éditions Le Souffle d'Or), qui a beaucoup étudié le comportement humain face à la destruction de la Nature, cite de nombreuses peurs qui paralysent l'individu moyen en résultante de sa culpabilité : peur de souffrir, peur de désespérer, peur de paraître morbide (« tout va toujours bien ! »), peur de paraître ignorant, peur de paraître faible et émotif, peur d'être impuissant, etc. Cette dernière peur (celle engendrant l'impuissance) est générée par les mass médias. En effet, si vous passez votre temps à regarder les infos à la télé et/ou à lire les mêmes infos dans les journaux, ceci va vous casser le moral, car les mass médias annoncent toujours des catastrophes auxquelles vous ne pouvez rien faire. Et, au bout d'un certain temps, vous vous sentirez impuissant ! C'est de la manipulation psychologique… Heureusement, personne ne vous oblige à vous comporter comme un consommateur, ni à « avaler » quotidiennement votre dose d'infos ayant pour but de vous affaiblir !

C'est à vous de faire le choix.
Il est certain que tous les gens qui se laissent envahir par les infos des mass médias se retrouvent rapidement dans la peau de « poules mouillées », se sentant toujours incapables de réaliser quoi que ce soit d'important dans leur vie, ni de relever le moindre défi.
Mais, ces gens pourraient très bien changer leurs habitudes et leur mode de vie !

Lorsque nous accumulons les peurs, à cause de notre culpabilité et de notre honte, alors nous nous ressentons impuissants et insécurisés.
L'insécurité est simplement une peur ou un ensemble de peurs devenues chroniques.
Si vous préférez, alors qu'une peur passagère peut vous servir de signal d'alarme, et vous aider à réagir avec courage, un ensemble de peurs qui s'installent régulièrement dans votre être intérieur génèrent un état d'être permanent que l'on nomme insécurité (et impuissance, ou encore manque de pouvoirs solaire et lunaire – cf. *Artémis & Apollon* de Céline et Pierre Lassalle, même éditeur, pour savoir comment développer ses pouvoirs solaire et lunaire et faire face à son insécurité et à son impuissance).
Si la sécurité est tellement vendue à toutes les sauces dans notre société occidentale, ne serait-ce pas à cause de la grande insécurité qui sévit chez la majorité de nos contemporains ?
Ainsi, la culpabilité (et la honte) de nos actes destructeurs envers la Nature (même s'ils sont en majorité subconscients) génère des peurs et un état d'être insécurisé.
Et, jusqu'où nous conduit ce schéma de comportement ?
En fait, lorsqu'un individu est insécurisé, il se met en colère et devient agressif : il détruit pour se défouler ou se venger et pour éloigner la source de son insécurité (c'est bien évidemment illusoire !).
C'est ce que nous appelons un « cercle vicieux » !
Un individu qui contribue à détruire la Nature, et qui en est plus ou moins conscient, se sent coupable d'un tel comportement envers sa

Mère Nature qui lui donne tout, il va alors se sentir insécurisé, et au final, il devient agressif et détruit encore davantage.
C'est le processus de la C.I.A : Culpabilité, Insécurité et Agressivité !
Devons-nous attendre la « fin du monde » ou y a-t-il une solution ?
Que le lecteur se rassure, la « fin du monde » aura bien lieu... mais pas avant quatre mille ans (pour le moins !).
Et si le lecteur doit demeurer attentif face à tous ceux qui essaient de le manipuler en lui faisant peur (« La fin du monde est pour bientôt ! » ou « Regardez toutes les catastrophes pour lesquelles vous êtes impuissants ! »), il ne doit pas oublier que : **il est devenu urgent de changer de mode de vie, et de vivre en harmonie avec la Nature !**

Le choix entre la vie et la mort

Il est temps d'arrêter le massacre de la Nature, c'est-à-dire du vivant.
La première prise de conscience à réaliser est que nous ne sommes pas séparés de la Nature. L'intellectualisme et l'individualisme forcenés du consommateur postmoderne lui font croire qu'il y a « lui » d'un côté et la « Nature » de l'autre.
C'est en réalité une forme de schizophrénie de tout mettre « en cases » et de croire qu'ainsi on peut tout contrôler !
Et c'est surtout dangereux !
Si l'être humain se croit séparé de la Nature, donc du vivant, alors pour qui se prend-il puisqu'il détruit le vivant ? Il se range du côté de la mort !
Actuellement, nous assistons à une sorte de « guerre » entre les forces de vie et celles de mort.
Il suffit de voir que les plus grosses dépenses des pays occidentaux sont pour l'armement, plutôt que pour régler les problèmes de famine (environ 50 fois plus) !
L'être humain ne doit pas se mettre dans le camp des destructeurs, c'est-à-dire dans celui de la mort !
L'humain doit se ranger dans le camp de la vie, à savoir dans celui de la Nature, dont il fait partie.

Oui, l'être humain est partie intégrante de la Nature.
Il existe quatre règnes dans la Nature : le minéral, le végétal, l'animal et l'humain.
L'être humain est constitué par les éléments de la Nature, et le voir séparé ou différent de la Nature, est le résultat d'une ignorance schizophrénique.

La Nature est composée de quatre éléments qui constituent le vivant du point de vue physique-matériel : la terre, pour tout ce qui est solide ; l'eau, pour les liquides ; l'air, pour tout ce qui est gazeux ; et le feu, pour tout ce qui produit de la chaleur.
Nous retrouvons ces quatre éléments, et leurs contreparties éthériques ou énergies du vivant, dans la constitution de l'être humain.
En effet, l'élément terre ou le solide constitue notre squelette, nos muscles et notre peau, par exemple. Ainsi, les rochers et les montagnes de la Nature se retrouvent dans notre colonne vertébrale, par exemple.
L'élément eau est représenté par tous les liquides de notre corps. Les vaisseaux sanguins sont nos fleuves intérieurs.
L'élément air est ce qui emplit nos poumons. Ainsi, des « vents » entrent et sortent de nos poumons régulièrement.
Enfin, l'élément feu se retrouve dans la chaleur qui imprègne notre sang, par exemple.
Nous sommes constitués avec les mêmes éléments que ceux qui se trouvent dans la Nature… nous sommes issus de la Nature.
À l'origine, nous sommes des esprits immatériels. Mais, lorsque nous choisissons de descendre nous incarner sur la Terre, nous avons besoin d'un véhicule approprié pour nous y mouvoir, y travailler, créer et aimer.
C'est la Nature qui nous fournit ce véhicule ou ce corps, en le constituant avec ses éléments.
Ce qui fait la différence entre un être humain et un animal, par exemple, ne se trouve pas directement dans les éléments constitutifs de leurs corps. Ce qui fait la différence est que l'être humain est doté

d'un esprit individuel, ce qui n'est pas le cas de l'animal.
Puisque nous faisons partie de la Nature, pourquoi voudrions-nous détruire notre habitat ? Ne serait-ce pas insensé ?
L'être humain est-il devenu fou ?

La première prise de conscience à réaliser est donc celle-ci :
Nous faisons partie de la Nature, car notre corps est constitué de ses éléments. Du point de vue de notre corps physique : **nous sommes les enfants de la Nature.**
Considérer l'être humain d'un côté, et la Nature de l'autre, est le résultat d'une pensée schizophrénique, c'est-à-dire « malade » et dangereuse, car destructrice !

La deuxième prise de conscience à réaliser est la suivante :
C'est notre mode de vie matérialiste, utilitariste et individualiste qui nous sépare de la Nature, et nous fait croire qu'elle existe uniquement pour satisfaire nos désirs égoïstes.
Nous ne devons pas « utiliser » la Nature tels des barbares comme nous le faisons de nos jours dans notre société !
Nous devons transformer notre mode de vie, afin qu'il respecte la Nature et permette l'expression de notre gratitude envers elle.
En apprenant à collaborer avec elle, même à un tout petit niveau accessible à tous, comme le démontrera cet ouvrage, il devient possible de ne plus détruire la Nature, mais au contraire de vivre en bonne intelligence avec elle.
Ainsi, nous choisissons la vie et le futur, plutôt que la mort et la destruction.

La reconnexion avec la Terre et le Ciel

La troisième prise de conscience à réaliser est celle-ci :
Puisque nous nous sommes coupés de la Nature, à cause de notre mode de vie, nous devons nous reconnecter à elle.
L'humain est un être de milieu : il se trouve naturellement placé entre la Terre et le Ciel.
Imaginez un être humain debout : sa tête, la partie la plus élevée de son corps, est « proche » du ciel, tandis que ses pieds sont « plantés » dans le sol terrestre.
Et ses mains sont là pour œuvrer sur la Terre au nom du Ciel !
Dans notre civilisation matérialiste, nous nous sommes coupés du Ciel en rejetant Dieu et en prétendant être capables de tout expliquer par la science.
Quel orgueil !
Si le monde spirituel, c'est-à-dire les entités spirituelles et donc Dieu, a voulu que nous soyons « coupés » de lui, c'est simplement pour que nous grandissions en sagesse et devenions « adultes » !
En effet, pendant des millénaires, l'être humain a été éduqué et protégé par le monde spirituel. Puis, il est devenu adolescent… et maintenant, il est devenu adulte… ou il devrait l'être !
Lorsque nous voyons les scientifiques de ces derniers siècles crier sur tous les toits que « Dieu n'existe pas » ou que « la mécanique céleste n'a pas besoin de Dieu pour fonctionner », cela fait penser à une crise d'adolescent qui se rebelle contre l'autorité parentale ! « J'peux me passer de toi ! ».
Une crise est censée avoir une fin bénéfique, à condition qu'elle ne s'éternise pas !
En effet, la crise adolescente que vit l'humanité depuis un certain temps, ne peut plus durer, car un adolescent peut tout casser, sans aucun souci envers ses responsabilités… comme le font actuellement les scientifiques qui ne se reconnaissent aucunement responsables de tout ce qu'ils ont inventé pour détruire la Nature et l'humanité !
Et, bien évidemment, étant donné que les gens ont remplacé la reli-

gion par la science, ils croient tout ce que les « nouveaux demi-dieux » (les scientifiques) leur disent !
Aujourd'hui, il est temps de devenir adulte ! Et un adulte réfléchit et assume ses responsabilités, il ne passe pas son temps à détruire la Nature !

Dans l'idéal, l'être humain doit être relié au Ciel, ce qu'il n'est plus naturellement de nos jours, et il doit être connecté à la Terre. Malheureusement, si l'être humain n'est plus relié au Ciel et, qu'en plus, il est totalement déconnecté de la Terre… alors, il arrive ce que nous constatons de nos jours : l'humain peut avoir les comportements les plus aberrants possibles, nous dirons schizophréniques, sans vraiment s'en rendre compte !
La déconnexion de la Terre l'insécurise surtout au plus haut point, car c'est justement le lien profond avec la Nature qui apporte la véritable sécurité à l'être humain !
Et, nous avons vu plus haut que, lorsque l'humain est insécurisé il devient agressif et destructeur : le fameux cercle vicieux !

Qu'est-ce que provoque la coupure avec le Ciel, c'est-à-dire le monde spirituel ? : telle est la question que le lecteur pourrait se poser…

En positif, cette coupure permet le développement de la liberté, à savoir une forme d'individualisation très poussée, avec la créativité et les initiatives qui l'accompagnent.
En négatif, cependant, ceci produit la rébellion adolescente que l'on constate depuis deux, trois siècles, c'est-à-dire une « fausse » liberté… que la plupart des gens, y compris les « grands » de ce monde, prennent pour la « vraie » liberté.
La fausse liberté est une réaction produisant une force qui s'oppose au bien proposé, et qui a pour but une acquisition égoïste.
C'est faire « ce qui me plaît », en choisissant la facilité ou le non-effort, sans tenir compte d'autrui (égoïsme et individualisme), tout en essayant de ne pas nuire à « mon entourage » (en général la famille).

La vraie liberté, n'est quant à elle jamais une réaction ni une force qui s'oppose à quoi que ce soit. Elle est plutôt une force issue d'une réflexion profonde et d'un choix qui apporte son lot d'initiatives et de changements dans le sens d'un bien commun (et jamais seulement égoïste).
La liberté consiste à faire ce qui est juste pour soi, les autres et la Nature, avec des efforts de dépassement de soi, afin de participer à l'évolution de l'ensemble de l'humanité.

Ainsi, l'être humain qui rejette le monde spirituel et Dieu, car il ne veut « obéir » qu'à lui-même et demeurer son « propre maître », se rebelle… et il va se soumettre à des forces égoïstes, voire encore plus dangereuses, sans même s'en rendre compte !
Le choix d'obéir à Dieu ou à certaines entités spirituelles qui veulent le Bien de l'humanité n'est jamais une soumission, car il est impossible de se soumettre au Bien !
Il est possible de collaborer avec le Bien, voire de lui obéir, dans le sens étymologique « d'être à son écoute » (du latin *oboedire* « prêter l'oreille à quelqu'un »), mais l'individu conserve toujours son libre arbitre et la responsabilité de ses choix, car le monde spirituel n'imposera jamais quoi que ce soit à l'être humain.
Il est donc tout à fait impossible de se soumettre au Bien, c'est-à-dire de se retrouver en dessous (se mettre sous) de sa mission.
En revanche, on ne peut que se soumettre au mal. Cela signifie que, lorsque nous nous sentons soumis, nous le sommes forcément à quelque force négative ou démoniaque (ceci demeurant inconscient, bien sûr), mais jamais au Bien.

Évidemment, il est essentiel, d'une manière ou d'une autre, de reconquérir son lien avec le monde spirituel. La méditation et différentes méthodes de travail sur soi y contribuent (cf. les ouvrages du même auteur, même éditeur).

Et lorsque nous sommes coupés de la Nature, nous devenons insécurisés, ce qui est normal puisque nous faisons partie de la Nature : se couper de

la Nature, c'est se couper d'une part de soi-même, ceci est donc insécurisant, car une partie de soi devient « inconnue » ou « perdue »...
Il est très facile de se couper de la Terre, si nous vivons dans une grande ville, en habitant au cinquième étage ou plus haut encore, et si nous travaillons également dans un immeuble, en passant ainsi la majorité de notre temps sans aucune connexion à la Terre, en somme, sans avoir les pieds sur le sol terrestre.
Ce sont des habitudes pour la majorité des gens, mais ceci n'est pas sans conséquence : si nos pieds ne foulent plus le « vrai » sol terrestre (attention également aux chaussures « isolantes »), alors l'insécurité s'insinue en nous, lentement mais sûrement.
Si, de plus, nous nous laissons aller aux infos des mass médias et à leur catastrophisme, nul doute que nous serons insécurisés et impuissants, ce qui renforcera notre agressivité latente, et notre potentiel destructeur.

Le remède est simple : ne plus s'occuper des infos des mass médias et se reconnecter à la Terre.
Dans notre ouvrage *Artémis & Apollon*, même éditeur, nous avons déjà traité de ce sujet très important. Nous vous recommandons les exercices que nous y présentons : ils sont simples et immédiatement efficients.
Et, nous vous encourageons à lire l'ouvrage *Connectez-vous à la Terre* qui raconte l'histoire édifiante de Clinton Ober (l'auteur), aux éditions Véga.

Il est essentiel de vous connecter à la Terre, afin de vous sentir en sécurité, stable, confiant, capable de manifester vos projets, et autres initiatives.
En vous connectant régulièrement à la Terre, vous renforcerez votre pouvoir lunaire, ce qui vous mettra à l'aise avec la Nature, qui redeviendra votre amie.

Nous vous proposons l'exercice de l'ancrage à la Terre, déjà présenté dans notre ouvrage *Artémis & Apollon.*

Exercice 1 : S'ancrer à la Terre

Sa pratique : cet exercice à vivre debout peut être pratiqué avec des chaussures, mais il sera plus efficace pieds nus. Bien évidemment, il est indispensable de le vivre en pleine nature, ou tout au moins dans un coin de jardin (mais, pas dans votre appartement au quinzième étage, car ce serait un non-sens !).

Son but : vous reconnecter à la Terre, afin que son énergie tellurique puisse pénétrer correctement en vous pour y apporter tous ses bienfaits (rééquilibrage global et recharge en énergie, notamment).

Variante : vous pouvez également le pratiquer assis, avec les pieds nus et les mains posés sur le sol.

Notez : sous chacun des pieds, se situe le point d'acupuncture du rein ou « yongquan ». Les reins sont reliés au chakra racine ou lunaire, et jouent un rôle prépondérant dans la sécurité ou l'insécurité ressentie par l'individu, ainsi que pour se recharger (les reins sont les « batteries » du corps !). Scientifiquement parlant, ce sont des électrons libres qui entrent en vous par vos pieds, et qui rééquilibrent l'énergie bioélectrique de votre corps, comme lorsque vous branchez un appareil électrique avec une mise à la Terre.

En vous concentrant et en demeurant immobile sur le sol terrestre, vous permettez à l'énergie tellurique de monter en vous, par l'intermédiaire de vos pieds, puis de vos jambes... puis de redescendre dans la Terre : c'est une sorte de va-et-vient de bas en haut, puis de haut en bas, une sorte de rythme qui s'établit en vous et vous apporte ancrage à la terre, stabilité, sécurité, ressenti d'appartenance à la Terre, acceptation de l'incarnation et rééquilibrage énergétique, qui profitera à tout votre corps.

Processus : Après vous être mis pieds nus sur la Terre, relaxez-vous quelques instants... respirez tranquillement et chassez de votre esprit vos soucis quotidiens. Concentrez-vous sur vos pieds, légèrement écartés l'un de l'autre, et en contact avec la Terre. Imaginez des sortes de « capteurs » sous vos pieds (ils sont réels, rappelez-vous le point d'acupuncture du rein sous chaque pied), qui attirent à eux l'énergie terrestre, comme de petits aspirateurs, afin que celle-ci entre en vous. Visualisez une énergie verte ou turquoise qui monte par votre jambe droite jusqu'à votre bas-ventre (là où se situe votre centre lunaire ou chakra racine). Vous imaginez alors que cette énergie terrestre effectue trois-quatre tours dans votre centre lunaire, qui ressemble à une spirale de lumière, puis elle redescend par votre jambe gauche, jusque dans la Terre.
Imaginez bien ce circuit de l'énergie tellurique en vous, montant et descendant, pendant quelques minutes.
Il n'y a pas forcément de temps précis à respecter, puisque l'important est que vous en ressentiez l'effet.
Normalement, au bout de quelques minutes, vous vous sentirez plus stable, solidement campé sur vos jambes, bien ancré à la Terre.
Vous devriez alors ressentir une belle sécurité en résultant, qui vous apporte confiance en vous, solidité intérieure, et une certaine paix. Vous devriez ressentir également une belle circulation d'énergie se produisant en vous, vous apportant un bien-être, dans différentes parties de votre corps (généralement, là où vous en avez le plus besoin). Vous vous sentez régénéré, revivifié...
Lorsque vous avez ces ressentis, vous pouvez arrêter le processus.

Selon les individus, cet exercice peut prendre de dix à trente minutes, pour obtenir les ressentis décrits ; bien entendu, il se peut que vous ne les viviez pas tous dès le premier essai. Selon votre mode de vie, il peut vous falloir trois ou quatre essais avant d'obtenir tous les ressentis de bien-être qui découlent naturellement de cet exercice.

Il n'existe aucune contre-indication de durée.
Bien sûr, il ne peut, en aucun cas, remplacer une quelconque prescription médicale.
D'ailleurs, vous n'avez pas besoin d'être malade pour en profiter !
C'est un exercice à ranger dans la catégorie « culture physique », « bien-être » ou « yoga », par exemple.
Ce n'est pas un exercice de guérison en soi, ni une thérapie, ni quoi que ce soit de miraculeux. Il s'agit simplement d'un exercice naturel, qui reconnecte l'humain à la Terre Mère. Ceci devrait être tout aussi simple et naturel que de boire ou manger.

Une fois que vous avez pratiqué cet exercice, vous pouvez remettre vos chaussures, et marcher quelques minutes, afin de profiter au maximum du processus qui s'est enclenché en vous.

Être en paix avec la Nature

Nous développerons plus avant, au chapitre suivant, les bases d'un mode de vie éthique, respectueux et guérisseur envers la Nature.
Pour l'instant, nous poursuivons nos bases écosophiques permettant de redéfinir notre union avec la Nature, puisque nous en faisons partie intégrante.

Il est essentiel d'établir un bilan de votre relation avec la Nature.
Vous pouvez le réaliser en petit groupe avec des amis, par exemple. C'est important de vous entraider, en conservant une dose d'humour, afin de ne pas dramatiser à l'excès, ce qui vous ferait fuir l'exercice.
Découvrez vos culpabilités, vos manquements ou vos excès par rapport à la Nature et notez-les sans les minimiser ni les exagérer.
L'important est d'établir un constat « adulte », c'est-à-dire équilibré, entre le « trop » et le « pas assez ».
Ensuite, pour chaque point « critique » que vous avez mis en pleine

lumière, déterminez une solution que vous vous sentez prêt à appliquer. Le but n'est pas de réaliser de petits gestes quotidiens, afin d'économiser l'eau ou l'énergie, comme vous le voyez prescrit dans de plus en plus de livres et de magazines à but écologique.
Nous n'avons rien contre ce genre de propositions, mais il faut bien voir en face que cela ne résoudra jamais le vrai problème de la destruction de la Nature.
Ces petits gestes sont « mieux que rien », mais ils vous donneront « bonne conscience », et vous ne ferez rien d'autre ! En résumé, ils créent une illusion d'amélioration voire de pseudo-guérison.
Il ne faut pas traiter le problème de la destruction de la Nature de manière aussi superficielle, comme nous sommes entraînés ou conditionnés à le faire avec tous les domaines de notre vie. Cela nous rend « poules mouillées » ou lâches, et nous devenons incapables de relever les défis de notre existence.

Ne vous laissez pas faire !
Ne vous laissez pas endormir !

Attention ! Rappelez-vous que pour transformer un comportement ou une mauvaise habitude, il ne suffit pas de prendre conscience du problème que vous avez généré.
En plus de la réflexion et de la prise de conscience qui suit, c'est le point de départ que vous devez noter précisément, il vous faut ensuite « peser » les conséquences de vos actes.
Le fait d'oser entrer dans une certaine sorte de souffrance d'avoir agi ainsi, va vous permettre, non seulement de vous libérer de cette souffrance par le repentir, mais également de trouver une solution ou un remède à ce comportement négatif.
Enfin, en agissant votre solution ou remède, vous retrouverez votre dignité, et la paix intérieure, et la transformation souhaitée deviendra effective.

Processus de la Méthode Résilience

(ou retrouvailles avec la paix) – à pratiquer en petit groupe :

1. Vous partagez entre amis sur vos actes destructeurs envers la Nature, tout en prenant de la hauteur, afin de dédramatiser, mais sans vous voiler la face. C'est juste un constat lucide. Vous le notez.

2. Avec l'aide d'un exercice, d'une méthode méditative (cf. nos précédents ouvrages Le Nouveau Tarot de l'Individualisation ou Le Tarot des Héros, pour trouver ces méthodes, par exemple), vous « plongez » profondément dans le problème à régler, afin de ressentir et de « peser » votre responsabilité ; le repentir peut alors se présenter à cette étape. Vous pouvez pratiquer la méthode du Pardon (cf. les ouvrages cités ci-dessus), afin de vous libérer de la souffrance ressentie.

3. Vous déterminez une solution ou un remède à ce que vous avez découvert, c'est-à-dire un Bien qui remplacera le mal destructeur. Cela peut être un nouveau comportement (il doit être précis, et avec une échéance). Vous le partagez avec vos amis.

4. Enfin, vous agissez votre solution ou votre remède autant de fois que nécessaire, c'est-à-dire jusqu'à ce qu'il devienne une bonne habitude qui « efface » entièrement la mauvaise habitude précédente.

Vous allez retrouver la paix en vous et avec la Nature, et vous vous sentirez digne. Ce seront ces bons symptômes qui vous indiqueront que vous avez réussi votre travail, tant intérieur qu'extérieur… ainsi que la joie de partager votre victoire avec vos amis.
Il est important de vous encourager mutuellement…
C'est possible, vous pouvez y arriver… et la Nature en a besoin !

La gratitude envers la Nature

La Nature est votre vraie mère. Elle vous a fourni votre corps, afin que vous puissiez vivre sur la Terre et y expérimenter toutes sortes d'aventures. Elle vous permet ainsi de grandir en esprit.
Rien que pour cette raison, l'être humain devrait être empli de gratitude pour sa Mère Nature.
La Nature donne sans compter à tous, sans exception.
L'homme barricadé dans son intellect prend tout, pille, utilise et ne donne rien en échange.
En vérité, l'être humain est le seul être terrestre, faisant partie intégrante de la Nature, et disposant d'un esprit. En cela, il est le responsable de la Nature.
Non seulement il devrait la respecter et lui exprimer sa gratitude, mais de plus, il devrait collaborer à son évolution.
C'est ce que nous développerons plus avant dans cet ouvrage.
Mais, rappelez-vous d'exprimer votre gratitude envers la Nature pour ses bienfaits : si vous pouvez manger, c'est grâce à elle, car c'est elle qui fournit les matières premières de notre nourriture.
Alors, par exemple, lorsque vous mangez, pensez à elle et prononcez le mot magique : « **Merci** ! ».

C'est tout simple, et c'est un début…

Chapitre 2

Écosophie 2

Le rythme de l'année et les fêtes sacrées

Nous allons poursuivre nos explications de ce qui constitue l'écosophie, telle que nous l'envisageons, c'est-à-dire la sagesse ou connaissance pratique de notre environnement naturel (la Nature) et le comportement éthique qui l'accompagne.

Le but de l'écosophie n'est pas seulement la compréhension des causes profondes et réelles de la destruction de la Nature par l'homme, mais la découverte de moyens concrets pour la guérir et la rédempter, soutenus par un nouveau mode de vie éthique.

La guérison et la rédemption de la Nature seront abordées au prochain chapitre.

Nous avons vu que le mode de vie occidental était le principal responsable de la destruction de la Nature. C'est un mode de vie beaucoup trop égoïste ou individualiste qui, sous prétexte d'une soi-disant liberté (fausse, en réalité), incite les gens à se défouler et à courir après tous leurs désirs égoïstes, sans tenir compte de leur environnement.

Le comportement immoral et schizophrénique du consommateur moyen détruit le monde dans lequel il vit. Bien évidemment, dans sa naïveté délirante, il croit que les politiques et/ou les scientifiques trouveront une solution le moment venu !
Mais, il devrait comprendre que les politiques et les scientifiques vivent comme lui, et que, si lui ne bouge pas, eux bougeront encore moins !
Aujourd'hui, c'est chaque individu qui doit prendre conscience que nous sommes tous interdépendants : si nous avons un mode de vie destructeur, alors nous nous sabordons et nous détruisons la Nature. Si chaque individu décide de changer de mode de vie, en profondeur et non pas superficiellement – comme ceci est proposé partout ! – alors c'est l'humanité entière qui change et prend un nouveau départ :

Le défi est de créer un nouveau monde ou de disparaître avec l'ancien !

Lorsqu'une société met en danger la survie des générations futures à cause de son mode de vie, alors il faut transformer cette société, car elle est atteinte d'un cancer.
Savez-vous qu'en astrologie, le signe du Cancer (le seul qui ait conservé son nom latin !) représente le point de vue matérialiste… dont les États-Unis sont les grands leaders (un pays né d'ailleurs sous le signe du Cancer !).
Notre société libérale est malade : « *Tout comme un cancer en croissance continuelle détruit les systèmes qui soutiennent la vie en détruisant son hôte, une économie mondiale en croissance continue détruit lentement son hôte, l'écosystème terrestre.* » (Lester Brown, *L'état de la planète*).

Notre mode de vie libéral et individualiste soutient une économie ou un marché en croissance continue au mépris de la vie.

Une des premières prises de conscience à réaliser est que le système économique actuel manipule les gens, afin de susciter toutes sortes de désirs égoïstes dont ils n'ont absolument pas besoin, ce qui entraîne un gâchis qui « tire » dangereusement sur les ressources de la planète. Il est donc essentiel que chaque individu s'extraie un minimum des mass médias qui servent principalement à la manipulation du public, et qui lui créent des habitudes, néfastes pour la Nature, et forcément l'être humain qui en fait partie.

Rappelez-vous : les mass médias, avec leurs infos démoralisantes, génèrent l'impuissance chez l'individu. Ceci est dangereux, car le plus grave est la paresse du cœur ; ceci revient à demeurer « blindé » devant tout ce qui se passe et ne rien faire : « À quoi bon ?! De toute façon, je ne peux rien faire seul ! » C'est ce genre de croyances qui sont certainement les plus dangereuses pour l'être humain, car elles le vident de sa substance d'humanité, et il ne vit plus vraiment : il se contente de survivre, tel un animal blessé, ou pire une espèce d'androïde !

Et bien sûr, encore une fois : **arrêtez de croire, naïvement, que les politiques ou les scientifiques feront quelque chose pour sauver la planète. Ils ne feront rien !**

En revanche, c'est chaque individu qui acceptera de couper le cordon avec la *matrice* (le système économique libéral ou le « marché » qui nourrit les « petits » et les sécurisent en les enfermant dans un mode de vie aliénant et destructeur !) qui contribuera à guérir la Nature : et, parmi eux, se trouveront peut-être des scientifiques et des politiques, mais qui auront eux-mêmes un comportement nouveau par rapport à leurs collègues.

Nous pouvons déjà citer le cas de Pierre Rabhi (né en 1938 en Algérie), un homme qui sait qu'il fait partie intégrante de la Nature et qui œuvre de manière écosophique, philosophique et politique de manière exemplaire. Il est l'auteur, notamment, de *La Part du Colibri – L'humanité face à son devenir* (éditions de l'Aube – 2011).

Vers une nouvelle éthique

Il est essentiel de redéfinir ses priorités, ses buts dans la vie, ce qui est essentiel (et ce qui ne l'est pas), afin de donner un vrai sens à sa vie, tout en sortant du perpétuel gâchis généré par notre société.
Il est capital d'écrire votre bilan de vie avec ces éléments, afin de prendre des décisions radicales, et de décider ce dont vous ne voulez plus dans votre vie.... Et ce qui est le plus important et auquel vous voulez accorder plus de temps et d'énergie.
La plupart du temps, les gens de notre société occidentale vivent à « cent à l'heure » sans jamais ni se poser, ni réfléchir ou faire le point sur leur existence !
C'est absolument ridicule et dangereux : c'est le meilleur moyen d'aller droit dans le mur !
Les gens ne veulent voir que l'instant présent, que ce qu'ils ont sous le nez, que leurs préoccupations matérielles, etc.
Pour le reste, ils disent qu'ils n'ont pas le temps ! Mais, ce fabuleux prétexte est bien connu pour être celui qui dissimule le mieux ce que nous ne voulons pas voir en face : courez, courez, et vous ne pourrez jamais prendre conscience de vous-même et de ce que vous vivez... !
Car la conscience a besoin de présence pour se saisir, comprendre, tirer des leçons, et prendre des décisions favorables à elle-même et à son entourage.
Les gens qui courent toujours ne remettent jamais rien en question (sauf en cas d'accident ou de maladie grave... et encore !), et ils foncent tête baissée dans le mur !
C'est le meilleur moyen d'être manipulé par toutes sortes de forces qui ne veulent pas votre bien.
Pourquoi croyez-vous que partout, dans le cadre de votre travail et ailleurs, l'on vous pousse à aller toujours plus vite (il faut bien suivre le marché en croissance continuelle, n'est-ce pas ?!)...
Plus l'être humain va vite et moins il est conscient de ses actes... et plus il est manipulable !
Aujourd'hui, l'on fait croire aux gens que rapidité ou efficacité est

synonyme de travail bien fait. Nous vivons dans le règne de la quantité et de la rapidité… au détriment de la qualité, de l'équilibre et de la juste mesure en toute chose, qui garantissent la conscience de soi dans nos actes et notre dignité humaine.
L'être humain contemporain est au service de la société et de son système d'économie libérale : c'est aberrant ! Jamais l'être humain ne doit se soumettre à une société quelconque, c'est toujours la société qui doit être au service de l'humain.
L'être humain est, de nos jours, dirigé par des lois, des règlements, le système économique du marché, tout ceci relayé par des ordinateurs… mais où est l'humain là-dedans ?!
On a fait croire à l'être humain qu'il était mauvais, qu'il n'était qu'un barbare à peine dégrossi, et qu'il était dangereux : « L'homme descend du singe » ou « L'homme est un loup pour l'homme. »
Alors, on a dit à l'homme qu'un système comme le marché, autorégulé par des machines, empêcherait les débordements animaux et mauvais de l'humain.
Encore et toujours de la manipulation…
Et le résultat de ce système si merveilleux : il détruit la Nature, c'est-à-dire tous les règnes y compris le règne humain !
Ne vous laissez pas faire !
Pour en savoir plus, vous pouvez consulter notre dossier « *Lumière dans la Matrice* » sur le site Internet : www.pierre-lassalle.org

Il est temps de prendre un peu de hauteur par rapport à ce système dangereux, cette *matrice*, afin de définir votre propre mode de vie… un mode de vie éthique, qui respecte l'humain que vous êtes, mais aussi autrui et la Nature.
Dans le cadre de cet ouvrage nous ne pouvons pas développer plus avant ce mode de vie éthique, puisque nous lui avons consacré un ouvrage entier (*Vers une Nouvelle Éthique – Un mode d'emploi pour une Nouvelle Humanité*, Céline & Pierre Lassalle, même éditeur).
Sachez tout de même que : **ce mode de vie éthique repose sur une entière liberté, afin de ne plus être dépendant des avis d'autrui**

ni des mass médias, et il se développe aux trois niveaux de la personnalité humaine :

- ***La pensée*** : le code éthique intérieur (base d'une nouvelle philosophie).
- ***Le sentiment ou la relation*** : la beauté éthique (base d'une nouvelle philocalie ou esthétique morale).
- ***La volonté*** : la conscience éthique dans l'acte (base de la philagathie ou nouvelle manière d'agir avec amour).

La pratique de ce que nous appelons « l'éthique créatrice », fonctionnant sur ces trois niveaux de l'être, permet à l'individu de contribuer à guérir la Nature, en la respectant pleinement, et en agissant pour créer un futur meilleur pour l'humanité.
Il consiste à la mise en pratique des Vertus, de grandes forces spirituelles qu'il est possible de cultiver en soi, puis de les agir dans le monde pour le plus grand bien de tous.
Cette véritable éthique n'a rien à voir avec ce qui est appelé habituellement la « morale » : elle repose sur la liberté, la créativité et une grande sincérité.
Elle constitue la base pour l'émergence d'une nouvelle humanité œuvrant à la création d'une nouvelle société.

Le rythme de l'année et les fêtes sacrées

L'un des meilleurs moyens pour se relier à la Nature et ressentir que l'on en fait partie est d'entrer dans son rythme annuel, de le vivre en soi, grâce à la compréhension et à la pratique de ses fêtes sacrées.
La base du rythme de l'année est celui des quatre saisons.
Nous vous proposons, dans un premier temps, d'étudier les différentes correspondances que nous pouvons établir avec les quatre saisons, tout en les rattachant à l'être humain... puisque celui-ci fait partie de la Nature.
Notre but est de vous permettre d'établir votre propre calendrier

annuel, afin de créer un « pont » entre vos capacités, celle de l'humain que vous êtes, et les forces de la Nature.
Ainsi, vous découvrirez qu'il y a un temps pour tout…

Vous trouverez ci-dessous un tableau vous indiquant les correspondances entre les quatre saisons, les quatre éléments et différentes autres analogies fonctionnant selon le principe quaternaire, qui est celui de la manifestation.
Tout ce que comporte ce tableau vous sera largement expliqué lors des quatre chapitres sur les saisons et la pratique des fêtes sacrées (chapitres 6, 7, 8 et 9).

Tableau des correspondances : saisons, éléments, archanges, etc.

❊ **Printemps** – Bélier – Élément AIR (le cœur) – L'Est
Tempérament sanguin – Raphaël (Mercure/Vénus)

✪ **Été** – Cancer – Élément FEU (le foie) – Le Sud
Tempérament colérique ou bilieux – Uriel (Saturne/Jupiter)

✺ **Automne** – Balance – Élément TERRE (la rate) – L'Ouest
Tempérament mélancolique – Michaël (Mars/Soleil)

❄ **Hiver** – Capricorne – Élément EAU (le cerveau) – Le Nord
Tempérament flegmatique ou lymphatique – Gabriel & Marie (Lune)

Nous allons maintenant vous proposer les bases d'un calendrier perpétuel comprenant les fêtes christiques sacrées.
Toutes les fêtes ci-après vous sont données de manière succincte, mais elles seront développées, au cours des chapitres 6 à 9, à raison d'un chapitre par saison, avec leur mise en pratique : exercices pratiques et/ou méditatifs, phrases clés sur lesquelles réfléchir ou méditer, etc.

Notre but est de vous transmettre la compréhension la plus complète possible sur les fêtes sacrées, afin que vous saisissiez votre lien avec la Nature et ses cycles et rythmes.
Tout est rythme, l'être humain a ses propres rythmes[1] , mais chaque année, tout au long des saisons, il peut comprendre les forces qu'apporte la Nature. Ensuite, il peut s'y relier et les cultiver en lui. Ce chemin l'amènera à communier avec la Nature.
L'ordre des saisons que nous utilisons n'est pas anodin :

1. ***L'automne*** vient en premier car, dans l'histoire de l'humanité, cette saison représente le lointain passé. C'est la période préchristique. Ainsi, par extension, l'automne est la meilleure période de l'année pour lâcher des choses du passé (comportements ou habitudes, par exemple). La transformation demandée doit être totale, sinon cela signifie que nous « conservons » certaines attitudes dépassées, qui ne sont pas « bonnes » pour nous, voire dangereuses.

2. ***L'hiver*** vient en second car, dans l'histoire de l'humanité, cette saison représente le passé postchristique, c'est-à-dire la période s'étant écoulée depuis la Venue du Christ jusque récemment. Cette période de l'année correspond également à des choses du passé, mais faisant tout de même partie de notre destinée, et peut-être mal assimilée ou que nous évitons de voir en face. Contrairement à la période de l'automne qui demande de nous débarrasser de certaines mauvaises habitudes, l'hiver demande plutôt des réajustements face à certains comportements importants pour nous, mais que nous refusons de vivre, ou dévions par notre incompréhension ou notre paresse.

3. ***Le printemps*** vient en troisième car, dans l'histoire de l'humanité, cette saison correspond à notre présent, à savoir la période

1. (cf. *Maîtrisez votre Destinée*, même auteur et même éditeur)

de notre civilisation matérialiste et individualiste (proche passé, le temps actuel et le proche futur). Le printemps correspond à la période actuelle où nous devons faire preuve de créativité, ici et maintenant, en révélant qui nous sommes et comment nous voulons contribuer à l'évolution de l'humanité.

4. *L'été* parachève la ronde des saisons car, dans l'histoire de l'humanité, cette saison représente le futur (lointain, voire très lointain). L'été est une période de bilan, afin de nous réorienter vers un futur qui est le nôtre, et aussi une phase propice à l'inspiration et à la découverte de nouveaux univers (et non le moment des vacances… sauf pour les paresseux !).

Les fêtes sacrées de l'automne

21 Septembre – **Entrée dans la saison d'automne, entité régente** : Archée Michaël (« Qui est comme (pareil à) Dieu ? »).

24 Septembre – **Fête de Perséphone** : fête de la Nature et de la Déesse Natura (fille de Déméter) ; célébrée par les Grecs lors des grands Mystères à Éleusis.

29 Septembre – **Fête de Michaël** : force de la pensée trinitaire qui, unie au cœur, amène le Bien dans la volonté, pour faire face au mal (vu grâce à Uriel pendant l'été) et y résister, pour le vaincre et le transformer ensuite. Michaël, l'Esprit du Temps (Archée) depuis 1879, jusqu'au milieu du XXIIIe siècle.

2 Octobre – **Fête des Anges** : méditer sur le fait de « penser comme son Ange ». Renforcer sa vie intérieure pour prendre conscience des Imaginations envoyées par l'Ange et les recréer avec la substance de vie de ses pensées.

9 Octobre – **Fête de Denys L'Aréopagite (St Denis)** : mage-astrologue, disciple de St Paul, il fonda l'École d'Athènes, donna le premier enseignement christique sur le Monde Spirituel (Astrosophie). Décapité, il posa sa tête sur son cœur, signe hautement symbolique.

1er Novembre – **Toussaint : Fête de tous les Saints**. Aspiration de l'humain à sanctifier son corps astral pour devenir une coupe du Graal. Fête « sophianique ».

9 Novembre – **Fête des Mères et de Déméter** : vraie « fête des mères », fête des Déesses-mères et de la principale pour les Grecs : Déméter (« terre-mère »). Déméter est la Mère de la Nature cultivée (agriculture, par exemple). Fête complémentaire à celle de Perséphone.

Début de l'Avent (pendant 4 semaines), **avec l'entrée du Soleil dans le signe du Sagittaire (vers le 22 novembre)** : période de purification et de préparation à Noël. Dernière semaine de novembre et les trois premières semaines de décembre, pendant le transit du Soleil en Sagittaire. La première semaine concerne la volonté (actes), la deuxième, le sentiment (relations), la troisième, la pensée (idées, idéaux, buts) et la quatrième, le « Je », l'esprit, et l'accès conscient au monde spirituel.

8 Décembre – **Immaculée Conception de Marie Artémisienne (Nathanéenne).** Reliée à la virginité spirituelle et au Saint-Esprit.

12 Décembre – **Naissance de Marie-Madeleine**.

Les fêtes sacrées de l'hiver

21 Décembre – **Entrée dans la saison d'hiver, entité régente**: Archange Gabriel (« Dieu est ma force »).

24 Décembre – **Jour d'Adam et Ève.**

25 Décembre – **Noël**: Naissance de Jésus Apollonien ramenant les forces de guérison (vie éternelle, éthers de vie et son) dont le Christ se servira pour Sa Résurrection. Symbolise les forces d'innocence, de vie et d'amour. Adoration des Bergers qui ont cultivé un cœur pur, ce qui leur permet de voir Dieu (analogie: sixième Béatitude). Naissance de l'Enfant Innocent/Christ dans le cœur spirituel. Se relier à Christ en soi (Impulsion christique). Fête de l'Amour du Cœur. Ce qui est né à Noël doit se révéler à Pâques. Renaissance de la Lumière.

25 Décembre au 5 Janvier – **Les 12 Nuits Saintes**: préfigurent le nouveau cycle de l'année à venir (1 jour = 1 mois). Correspond au parcours de Jésus au Christ. Chaque nuit (du 25 décembre au soir au 5 janvier au soir) correspond à un signe du Zodiaque, des Poissons au Bélier (dans le sens rétrograde).

1er Janvier – **Fête de Marie**: Nuit Sainte sous le signe de la Vierge (du 31/12 au 1er/01).

6 Janvier – **Épiphanie**: « J'accueille Christ en moi ». Baptême dans le Jourdain: le Verbe Créateur S'incarne dans un corps de chair, pour que chacun révèle qui il est: un dieu. **Renaissance virginale de Marie** (Royale), ou cinquième Mystère sophianique. Fête de l'Amour (période du périhélie: la Terre est au plus proche du Soleil).

6 Janvier – **Naissance de Jésus-Zoroastre**: le grand Initié (courant royal de la Sagesse) se réincarne et reçoit la visite des Mages-astrologues, porteurs de l'antique Sagesse, venant reconnaître leur guide (adoration des Mages). Fête de la christification de la Sagesse. Désormais les Sages chercheront Dieu (et les étoiles) dans le cœur de l'Homme…

25 Janvier – **Conversion de Saint Paul** : « Expérience de Damas » ou Illumination christique de Saul qui devient Paul. Rencontre du Christ au troisième Ciel (sphère de Saturne). Préfigure la rencontre avec le Christ éthérique.

1er Février – **Fête de Sainte Brigit** (Imbolc chez les Celtes) : Brigit de Kildare (455-525), gardienne des puits et sainte patronne de Glastonbury (elle y dédia une chapelle à Marie-Madeleine en 488), où Joseph d'Arimathie apporta la Coupe du Graal.

2 Février – **Présentation au Temple** du Jésus Apollonien (40 jours après sa naissance), par la Vierge Marie Artémisienne : **Fête de la Chandeleur** (« chandelle ») : on brûle un cierge en l'honneur de cet événement (vertu protectrice).

27 Février (du 25 au 27) – **Noces de Cana** : passage des liens du sang aux liens en Esprit. Le sang « transparent » familial disparaît au profit du sang rouge et opaque de la Passion du Christ qui symbolise l'Individualisation et l'Amour. Nouvelle union entre Marie et le Christ, qui transforme l'eau en vin (les 6 jarres préfigurent l'Ère du Verseau). Illumination « confirmée » pour Marie.

Les fêtes sacrées du printemps

21 Mars – **Entrée dans la saison de printemps, entité régente**: Archange Raphaël (« Dieu est guérison »).

25 Mars – **Annonciation**: l'Archange Gabriel est venu annoncer à la Marie Artémisienne (Nathanéenne) la naissance du Jésus Apollonien. Invite l'être humain à se souvenir de sa vocation virginale: engendrer l'enfant-Christ en soi, en ouvrant son cœur aux forces de l'Esprit Saint. Annonce l'aube d'une ère nouvelle.

25 Mars – **Fête de Widar**: Annonciateur de la Venue de Jésus et du Christ. Aujourd'hui Archange protecteur des forces d'innocence, porteuses des capacités de la future humanité (clairvoyance consciente issue de l'association tête-cœur). Widar ou « celui du Bélier » dont le nom peut se traduire en Ramael (« le Bélier au service des Élohim »). Nouvel Archange Solaire depuis la fin du XIXe siècle.

Mars/Avril – **Pâques (1er dimanche après la Pleine Lune du Bélier)**: Semaine Sainte: transformation de l'énergie des Sphères planétaires par le Christ. Passion, Crucifixion et Résurrection du Christ. Préfiguration du devenir de l'être humain. Fête de la Lumière.

Samedi de la Semaine Sainte – **Fête de Christian Rose-Croix**: Initiation de Christian Rose-Croix en 1459 en Europe donnée par Mani (cf. « *Les Noces Chymiques de CRC* », J. Valentin Andréa). Marque le vrai départ du courant Rosicrucien.

23 Avril – **Fête de St-Georges qui terrassa le dragon**: il est connu que St-Georges apparut au roi Richard Cœur de Lion et l'aida, pendant sa croisade contre les Sarrasins, à gagner une bataille de manière quasi miraculeuse! Et c'est donc Richard Cœur de Lion qui a apporté en Angleterre la légende de St-Georges dont il devint le Saint Patron.

25 Avril **– Fête d'Artémis (Soleil sur le 6e degré du Taureau, sauf années bissextiles, c'est la veille)** : anniversaire de la naissance de la déesse Artémis (fête lunaire et vénusienne, fête de la Nature).

26 Avril **– Fête d'Apollon (Soleil sur le 7e degré du Taureau, sauf années bissextiles, c'est la veille)** : anniversaire de la naissance du dieu Apollon = le Soleil qui naît de la Lune/Artémis.

Mai (le jeudi, 40 jours après Pâques) – **L'Ascension** : sauvetage du corps éthérique. Christ se soustrait à la vision de Ses Disciples pour sauvegarder leur liberté. Symbole du courant sophianique ascendant.

Mai ou Juin (50 jours après Pâques) – **La Pentecôte** : Accueil de l'Esprit Saint par les Apôtres autour de Marie. Fête de la liberté : la volonté monte dans la pensée grâce à la concentration (la pensée libérée peut s'emplir de l'Esprit Saint).

Lundi de Pentecôte – **Fête de l'Esprit Saint – Fête de la Tarasque** (cf. à Tarascon, pour la victoire de Marthe sur le dragon). Fête reprise le jour de la Sainte Marthe, le 29 Juillet.

8 Mai – **Fête printanière de Michaël** : fête de la première apparition chrétienne européenne (?) de Michaël au Mont Gargano, dans les Pouilles, au Royaume de Naples, dans le Sud de l'Italie en 492 dans une grotte où se trouvait un sanctuaire qu'il consacra.

25 Mai – **Fête de la Sophia** : représente la Sagesse, leader des Esprits de la Sagesse et de la Joie, la parèdre du Christ.

31 Mai – **Visitation** : Marie Artémisienne (Nathanéenne), enceinte de deux mois du Jésus Apollonien, rend visite à sa parente Élisabeth, enceinte de huit mois de Jean le Baptiste.

Les fêtes sacrées de l'été

21 Juin – **Entrée dans la saison de l'été, entité régente**: Archange Uriel (« Dieu est Lumière »).

24 Juin – **Fête de Jean le Baptiste**: prophète, précurseur: le premier humain à reconnaître le Christ S'incarnant dans un corps humain. Représentant de la conscience de soi pour l'humanité. Représente également l'Individualisation qui permet de ne pas sombrer dans la conscience collective (= signe du Cancer).

24 Juin – **Fête des Fées**: fête du début de l'été que les fées apprécient et pendant laquelle elles dansent...

29 Juin – **Fête d'Uriel**: fête de l'amour-chaleur de l'Esprit et de la lumière de la pensée. Élévation vers le monde spirituel. Montée de la volonté dans le cœur (volonté au service de Christ en soi), et dans la pensée (pensée forte, emplie des forces de vie, du Christ). Concentration: volonté maîtrisée, canalisée. Spiritualisation de la matière (principe du soufre relié à Uriel). Collaboration entre Uriel & Natura. Et aussi: diriger la volonté, apporter la Lumière dans les ténèbres. « Reçois ma Lumière », dit Uriel. Descente des forces solaires dans la volonté pour éclairer ce qui doit être transformé en soi. Bilan sur la qualité morale de nos actes. Symbole du courant sophianique descendant.

24 au 30 Juin – **Semaine zodiacale**: L'aura de la Terre, au maximum de son expansion, atteint le firmament (zodiaque ou monde causal). Elle est emplie de toute l'énergie du cosmos spirituel.

6 Juillet – **Fête d'Isis** (sauf années bissextiles, c'est la veille): la grande Déesse à honorer, lorsque le Soleil passe devant l'étoile Sirius ou étoile d'Isis (cf. Lame l'Étoile N° 17 du Tarot de Marseille). C'est aussi la fête de la Liberté (période de l'aphélie : la Terre est au plus loin du Soleil).

14 Juillet – **Transfiguration** : accès à la Sphère solaire et à l'Inspiration ; fête de « l'Illumination ». Christ entre Élie (force intérieure) et Moïse (sagesse lunaire ou préchristique) sur le Mont Thabor.

22 Juillet – **Fête de Marie-Madeleine**, Apôtre du Christ (sa mort, ultime « ravissement »).

26 Juillet – **Fête de Sainte Anne et Joachim**, parents de la Vierge Marie (royale).

29 Juillet – **Fête de Marthe**, Apôtre du Christ (date de sa mort).

1er Août – **Fête de Lug** (Lugnasad) : Archange du peuple celte avant de devenir celui du christianisme ésotérique à partir du IXe siècle. Archange solaire dont le principal symbole est une lance magique. A donné son nom à de nombreuses villes : Lutèce, Lyon, Londres, etc.

5 Août – **Naissance de Marie** – lignée de Salomon, royale, sagesse.

9 Août – **Fête de l'Amour** : à célébrer.

8-14 Août – **Début des Perséides** (descente des forces cosmiques, le « fer michaëlique » ; préparation au « combat contre le mal » de l'automne).

15 Août – **Assomption (Dormition)** : Marie monte au ciel avec son corps éthérique immortalisé (d'où les apparitions mariales).

8 Septembre – **Naissance de Marie** – lignée de Nathan, innocence. Marie Artémisienne.

L'explication détaillée de ces fêtes sacrées vous sera donnée aux chapitres 6 à 9, avec des méthodes concrètes pour les faire vivre en vous et au cœur de votre vie, afin de lui donner un sens.
Ceci vous permettra également de donner un rythme à votre année et de ressentir votre lien profond et intérieur avec la Nature.
Bien évidemment, vous n'aurez pas besoin de « fêter » toutes ces fêtes de la même manière. Certaines d'entre elles sont essentielles pour marquer le rythme annuel, tandis que d'autres sont plus « anecdotiques ». En dehors des principales fêtes à mettre en pratique (et qui vous seront indiquées en tant que telles dans les chapitres 6 à 9), ce sera à vous de faire votre choix parmi les fêtes mineures.
Sachez aussi qu'il existe un agenda 2014 (même éditeur), créé par Céline Lassalle et Lucidaëlle (avec esquisses d'êtres de la Nature et poèmes pour s'y relier), où toutes ces fêtes sont mentionnées, afin de vous permettre de les suivre tout au long des saisons.
En complément, il existe également un calendrier artistique et mural, créé par Lucidaëlle, avec de belles reproductions et l'indication des fêtes ci-dessus.
Cet ouvrage, ainsi que l'agenda et le calendrier mural, constituent un ensemble pour rendre hommage à Dame Natura ou Mère Nature.

Chapitre 3

Écosophie 3

La guérison et la rédemption de la Nature

Nous avons vu au précédent chapitre les bases de ce qui sera développé au cours des chapitres 6 à 9 et qui permet à chacun de se créer un rythme annuel en lien avec la Nature, afin de ressentir son interdépendance avec elle.

Au cours du présent chapitre, nous voulons, d'une part, vous présenter une autre méthode importante et complémentaire de celle du rythme des saisons et de leurs fêtes sacrées et, d'autre part, vous révéler jusqu'où il est possible d'aller dans un processus de guérison et même de rédemption de la Nature. Et même si ce dernier point concerne surtout le futur, quant à sa réalisation finale, vous verrez qu'il est possible de le mettre en pratique dès maintenant, pour celui qui se sent véritablement concerné par la destruction de la Nature due à notre mode de vie (devrions-nous dire plutôt un « mode de mort » ?!) trop individualiste et égoïste.

Les 4 Éléments et leurs correspondances

Au chapitre précédent, nous vous avons donné un tableau d'analogies fonctionnant sur le Nombre 4 : saisons, éléments, tempéraments, points cardinaux, quatre Archanges, signes astrologiques cardinaux, etc.
Nous allons explorer ces correspondances, car elles sont importantes pour établir notre propre rythme de vie en lien avec la Nature dont nous sommes tous issus.
À chaque saison correspond un élément. L'élément est la « brique » ou le constituant de base visible de la Nature. La terre représente tout ce qui est solide ; l'eau est l'élément des liquides ; l'air est celui des gaz et le feu est celui de tout ce qui est calorique (mais non reconnu officiellement par la science !).

Ces quatre éléments sont les supports extérieurs ou les manifestations des quatre forces du vivant, qui sont des énergies éthériques invisibles :

- ***L'élément Feu*** est le support matériel de l'éther de chaleur (ou de mémoire ou de maturation).

- ***L'élément Air*** est le support matériel de l'éther de lumière.

- ***L'élément Eau*** est le support matériel de l'éther de son ou chimique (ou de nombre).

- ***L'élément Terre*** est le support matériel de l'éther de vie (ou de cristallisation ou d'identité).

Les quatre éléments physiques visibles (terre, eau, air et feu) et les quatre éthers physiques invisibles (vie, son, lumière et chaleur) constituent les substances primordiales de la Nature.

Toutes les civilisations du passé les ont connues.
Les quatre saisons leur sont associées de la manière suivante :

- ***La Terre et la Vie*** *sont liées avec la saison de l'Automne*, ce qui est un paradoxe, car c'est à l'automne que la Terre semble mourir (signe du Scorpion). Pourtant, cette analogie nous signale qu'au plus profond de la Terre la vie continue. Le point cardinal en lien avec l'automne est l'Ouest, l'endroit où le soleil se couche, paraissant la fin et la mort.

- ***L'Eau et le Son*** *sont liés avec la saison de l'Hiver*, car c'est le moment où la neige (eau) recouvre la Terre. Le point cardinal associé est le Nord, ce qui n'est pas étonnant pour l'hiver et le froid !

- ***L'Air et la Lumière*** *sont liés avec la saison du Printemps*, car c'est la période de l'année où la lumière augmente sans cesse et où d'agréables senteurs emplissent l'air. C'est l'Est qui est en analogie avec le printemps, puisque c'est là que se lève le soleil, symbole de la Lumière.

- ***Le Feu et la Chaleur*** *sont liés avec la saison de l'Été*, ce qui n'est pas étonnant, puisque c'est la saison la plus chaude de l'année. Son lien avec le point cardinal du Sud est tout aussi évident.

Il est essentiel de concevoir également que, pour chaque saison, une entité spirituelle de la classe des Archanges dirige ou orchestre tout ce qui s'y passe.
Nous y reviendrons plus largement pour chaque chapitre concernant les saisons (de 6 à 9). Sachez tout de même que :

- ***Michaël***, qui est devenu l'Esprit du Temps et un Archée en 1879, supervise la saison de l'Automne, et sa principale fête se situe le 29 septembre, sous le signe automnal de la Balance.

- *Gabriel*, l'Archange de l'Annonciation, supervise la saison de l'hiver, et sa principale fête est Noël, qui se place sous le signe hivernal du Capricorne.

- *Raphaël*, l'Archange de la Guérison, supervise la saison du printemps, et sa principale fête est Pâques qui se place sous le signe printanier du Bélier.

- *Uriel*, l'Archange de la Lumière divine, supervise la saison de l'été, et sa principale fête se situe le 29 juin, sous le signe estival du Cancer.

Les quatre Archanges des saisons œuvrent chacun durant trois mois de l'année dans l'hémisphère Nord, et trois autres mois dans l'hémisphère Sud. Par exemple, l'Archange Uriel travaille sur la saison de l'été dans l'hémisphère Nord; ensuite, lorsque la saison d'hiver arrive, c'est l'été dans l'hémisphère Sud et l'Archange Uriel est alors à l'œuvre sur cette saison d'été-là.
Bien évidemment, le lecteur pourrait se dire que nous avons le même calendrier dans les deux hémisphères: c'est une grosse erreur! Le calendrier de l'hémisphère Sud devrait être décalé de six mois par rapport à celui de l'hémisphère Nord. Il suffit d'un peu de bon sens: lorsque l'été commence en Australie… les Australiens fêtent Noël! Et quand il commence à faire froid et que l'hiver approche, ils fêtent la St-Jean d'été! Bien sûr, le calendrier unique (tout comme la pensée unique!) est une question de commerce et de marketing. Mais, ceci fausse totalement le mode de vie et le rythme des gens de l'hémisphère Sud.

En résumé: les individus vivant dans l'hémisphère Sud doivent suivre leurs saisons, mais pas leur calendrier. Le calendrier que nous avons donné au chapitre 2 est valable pour les deux hémisphères, à condition que les gens vivant dans l'hémisphère Sud tiennent compte du fait que leur calendrier « officiel » est faux, et qu'ils doivent donc fêter les fêtes sacrées que nous leur indiquons en les décalant de six mois sur leur calendrier normal : ainsi, ils fêteront bien Noël au début de l'hiver, même si leur calendrier (faux) indique que c'est le début de l'été !

Comme nous le verrons avec plus de détails au cours des chapitres 6 à 9, chacun des quatre Archanges œuvre sur une saison (deux fois par an, une pour chaque hémisphère), afin qu'elle soit imprégnée de l'essence de ce que Mère Nature, ou la Déesse Natura, veut y insuffler.
Toutes sortes d'entités spirituelles et d'êtres de la Nature (ou êtres des éléments) travaillent au service des quatre Archanges, afin de créer ce que nous contemplons en tant que saisons.

Mais les quatre Archanges ne font pas que cela…
En effet, pendant qu'ils œuvrent dans la Nature, à l'extérieur pourrait-on dire, dans un hémisphère, ils agissent en l'être humain, à l'intérieur pourrait-on dire, dans l'autre hémisphère.
Ainsi, et pour ne pas compliquer outre mesure cet enseignement, prenons uniquement l'action des quatre Archanges dans l'hémisphère Nord (il suffit d'inverser tout ce qui suit pour obtenir la même chose pour l'hémisphère Sud) :
- **À l'Automne**, c'est Michaël qui agit au sein de la Nature, pendant que Raphaël œuvre au sein de l'être humain.
- **En Hiver**, c'est Gabriel qui agit au sein de la Nature, pendant qu'Uriel œuvre au sein de l'être humain.
- **Au Printemps**, c'est Raphaël qui agit au sein de la Nature, pendant que Michaël œuvre au sein de l'être humain.
- **En Été**, c'est Uriel qui agit au sein de la Nature, pendant que Gabriel œuvre au sein de l'être humain.

De cette action des quatre Archanges en l'être humain, peut naître l'enseignement pratique qui suit… :

La Forteresse de l'Harmonie

Puisque l'être humain fait partie intégrante de la Nature – il en constitue le quatrième règne – il est possible d'établir un comportement idéal, en vivant les saisons à l'intérieur de soi, en accord avec les quatre Archanges des saisons : c'est ce que nous appelons « La Forteresse de l'Harmonie ». Ce concept n'est pas vraiment nouveau, puisque des ésotéristes, notamment rose-croix comme le médecin, pédagogue et alchimiste anglais Robert Fludd (1574-1637), l'ont développé, il y a quelques siècles, principalement sous l'angle de la santé : ils l'appelaient alors « La Forteresse de la Santé ».
Nous préférons élargir ce concept à différents aspects de la vie humaine, et pas seulement à celui de sa santé, même si cette harmonie de vie contribue forcément à maintenir une bonne santé.
Toutefois, il ne faudrait pas considérer ce qui suit comme une « médecine » : c'est simplement un mode de vie équilibré.
Comprenez bien que la pratique ci-dessous, ainsi que celle consistant à s'exercer à l'expression des fêtes sacrées, entre dans le cadre de ce que nous appelons l'écosophie, puisqu'il s'agit d'une sagesse pratique que nous mettons en œuvre dans le but de respecter la Nature, aussi bien en nous qu'à l'extérieur de nous.
En effet, comprenez bien : **tout effort que vous faites à l'intérieur de vous, sur des éléments de votre Nature intérieure, a des répercussions sur la Nature extérieure, à savoir sur votre environnement naturel.**

Afin de vous aider à visualiser la Forteresse de l'Harmonie, imaginez une sorte de château fort doté de quatre tours. Chacune des tours est défendue par l'un des quatre Archanges. Celle du Nord est défendue par Gabriel, celle de l'Ouest par Michaël, celle du Sud par Uriel, et celle de l'Est par Raphaël.

Bien sûr, cela signifie, en complément, qu'il existe des forces obscures que ces Archanges combattent !

De par votre comportement éthique ou égoïste, vous êtes responsables des forces que vous attirez vers vous : elles seront bonnes, et en accord avec les quatre Archanges, ou mauvaises, et vous devrez alors les combattre avec l'aide des quatre Archanges.

Enfin, il serait illusoire et naïf de croire que les quatre Archanges vous « sauveront » de tous vos problèmes, simplement parce que vous les « connaîtrez » et que vous brûlerez spécialement pour eux une petite bougie accompagnée d'une minuscule prière, comme nous le voyons trop souvent dans des ouvrages « new age » de charlatans !

Il vous faudra quelque peu mouiller la chemise ou le chemisier ! Mais quelle aventure, et… en si bonne compagnie !

Voyons les bases de ce fonctionnement en lien avec les quatre Archanges des saisons… à l'œuvre dans les tours du château fort de la Forteresse de l'Harmonie, située en l'humain :

1. Gabriel - la Lune, le signe du Cancer, l'élément Eau et le Nord.

Son domaine dans l'être humain est celui de la **nutrition**. C'est durant l'été que Gabriel ou les forces gabriéliques pénètrent en l'être humain. Ces forces agissent essentiellement sur le métabolisme, dans la zone du ventre, et en lien avec le cerveau entérique (le « second cerveau » ou celui du ventre – cf. *Artémis & Apollon*, déjà cité). Durant la saison estivale, les forces gabriéliques cherchent à installer un équilibre dans cette zone. Bien sûr, c'est plus ou moins difficile, selon l'état du système métabolique de chaque individu. Si votre métabolisme est en mauvais état (problème à l'estomac ou aux intestins, paresse du colon, etc.), Gabriel ne fera pas de miracle. En revanche, c'est LA saison durant laquelle vous devez accomplir des efforts pour harmoniser cette zone, car vous obtiendrez alors de bien meilleurs résultats que durant le reste de l'année. D'emblée, la saison de l'été est propice à l'élimination, grâce à la chaleur ; alors, profitez-en pour manger moins, faire de l'exercice, et tout ce qu'il faut pour rééquilibrer vos organes digestifs et toute cette zone du métabolisme. La régénération de cette partie de votre corps est facilitée, à cette période de l'année, par l'Archange Gabriel.

Mais, les forces gabriéliques ne représentent pas uniquement la nutrition. En effet, Gabriel est en lien avec tout ce qui « nourrit » l'être humain. Et il est bien connu que l'humain ne se nourrit pas que de « pain » ! Il se nourrit également de connaissances (ou il le devrait !) ou de Sagesse (lue ou entendue). Il se nourrit également de Beauté, c'est-à-dire des images qui lui montrent cette Beauté. Enfin, il se nourrit de force morale, à savoir de la contemplation de la Force de Bien en action, ou d'un héroïsme vertueux (cf. le nom Gabriel vient de l'hébreu *gabar* « force », ou *gabri* « héros » et *el* qui vient d'Éloha ou Dieu). **Gabriel représente les forces lunaires au service du Soleil, en somme : le pouvoir lunaire qui reflète le Bien[1] . Il est essentiel que chaque individu puisse se « nourrir » correctement, sinon il s'affaiblit et devient insécurisé**. En effet, au lieu de lui offrir la Sagesse et les connaissances directes et vraies, la société lui apporte les informations des mass médias, emplies de mensonges, d'erreurs, de peurs, de laideur et de destruction. Au lieu de la Beauté, elle lui donne en pâture une caricature de beauté devenue une marchandise à consommer en urgence ! Et au lieu de contempler la véritable Force éthique de l'humain-divin, il ne peut voir que des humains corrompus, vils, voleurs, menteurs, profiteurs, pilleurs et meurtriers ! Il faut comprendre que les supports viciés de cette fausse sagesse que sont l'information associée avec la fausse beauté marchandée et la piètre force vendue aux ténèbres, viennent « s'ancrer » dans la nutrition, ou si vous préférez ils « imbibent » la nourriture de l'humain (les pensées résultant de ces trois domaines pollués imprègnent les aliments). Si, de surcroît, la nourriture est de mauvaise qualité (pesticides, insecticides et O.G.M), alors nous pouvons dire que c'est une quadruple « nourriture » viciée que l'individu ingurgite chaque jour.

1. cf. *Artémis & Apollon*, déjà cité.

Pas étonnant que le nombre des maladies ait triplé en deux ou trois décennies, et qu'il y ait autant de maladies auto-immunes !

Nous pouvons considérer que les aliments que nous avalons représentent l'aspect le plus dense ou le principe final et « incarné » du processus gabriélique. En effet, si, pendant que vous mangez, vous pensez à Marcel qui vous a fait une « crasse » et que vous vous dites intérieurement : « Je ne suis pas prêt de digérer ce qu'il m'a fait ! » Alors, souvenez-vous que vous avez un cerveau entérique (un cerveau « intestinal » en quelque sorte) qui va se faire un plaisir de vous obéir. Et ne vous étonnez pas si vous éprouvez des difficultés de digestion ! Par extension, ce dont vous vous êtes nourris en tant qu'informations ou connaissances, vraie ou fausse beauté, et force morale ou vicieuse, va se retrouver dans vos aliments, comme une sorte de « plus » ou de « moins » qui vous aidera à digérer facilement ou au contraire perturbera ce processus. Comme dirait Marcel, il est vrai qu'il n'a pas inventé la poudre, mais il est franc et mène sa vie de « Monsieur-tout-le-monde » avec entrain : « Si tu veux te flinguer le bide, ma poule, c'est simple : passe tout ton temps dans la poubelle Internet à ramasser toutes ses c......, puis mate toutes ces images bidons qui te lavent la cervelle, te filent des peurs et des fantasmes, et enfin rêve à toutes ces poules mouillées qui jouent les stars... Et pour enfoncer le clou, bouffe n'importe quoi, style « fast-crotte », et là t'es sûr que ton costard en sapin y t'attend pour bientôt ! » C'est « fleuri », mais réaliste !

2. Raphaël - Mercure et Vénus, le signe de la Balance, l'élément Air et l'Ouest.

Son domaine à l'intérieur de l'être humain est celui de la **respiration**, et par extension celui des relations. C'est durant l'automne que Raphaël ou les forces raphaéliques pénètrent en l'être humain. Elles agissent sur le système respiratoire et le principe rythmique (cœur-poumons : le rythme ¼ est bien connu : 18 respirations en une minute pour 72 battements du cœur, en moyenne, dans le même temps) en l'individu. Chacune de nos respirations étant un processus d'échange avec l'air environnant, nous

pouvons comprendre, par extension, que les forces raphaéliques soient également reliées à notre sphère relationnelle et à notre communication. Et puis surtout, Raphaël est l'Archange de la guérison comme l'indique son nom: « Dieu est guérison ». **Ainsi, durant la saison automnale, les forces raphaéliques entrent en l'être humain et cherchent à harmoniser son système respiratoire, ce qui influe largement sur ses relations et sur son pouvoir de guérison**. Bien évidemment, comme nous l'avons vu avec Gabriel, Raphaël ne fera pas de miracle si, par exemple, vous fumez et que vos poumons sont en très mauvais état!
En revanche, globalement, les forces raphaéliques apportent un mieux-être respiratoire à cette saison, ainsi que des forces de régénération. Ou mieux encore, il est fortement conseillé de travailler à l'amélioration de votre respiration en automne, car ceci augmentera nettement vos forces de guérison et de régénération.

Afin de mieux saisir ce processus, il est important que le lecteur puisse établir des liens entre la respiration, la guérison, les relations, la communication et les émotions. La respiration humaine est un échange gazeux avec le monde extérieur, avec l'air environnant. Ce qui est moins connu, c'est que l'air que nous respirons est chargé des pensées, émotions, sentiments et sensations des gens qui vivent dans cet air et le respirent. De ce fait, lorsque nous arrivons dans un endroit où se trouvent plusieurs personnes, nous respirons l'air environnant de ces personnes, à savoir un air « chargé » des pensées, émotions, sentiments et sensations de ces personnes. Eh oui, tout ce que nous vivons intérieurement transpire de nous par l'intermédiaire de notre respiration. À chaque fois que nous expirons, nous expulsons davantage que de l'air: nous extériorisons, avec cet air, notre ambiance émotionnelle intérieure. Bien sûr, si vous entrez dans une pièce où se trouvent des gens heureux, épanouis, chaleureux et en paix, vous allez tout de suite vous y sentir bien.
En revanche, si vous entrez dans une pièce où se trouvent des gens apeurés, insécurisés, stressés voire malades, vous allez tout de suite… avoir envie de fuir! La plupart du temps, nous n'y prêtons pas atten-

tion, car nous ne sommes pas éduqués pour comprendre ces principes, qui paraissent hautement farfelus au matérialiste convaincu, et qui sont pourtant faciles à vérifier. Plus vous êtes quelqu'un de sensible et plus vous « captez » les ambiances quand vous entrez dans une pièce où se trouvent déjà des gens. Le lien entre la respiration, les relations et la communication (facile ou difficile selon ce que l'on ressent d'autrui), et les émotions est donc facile à expérimenter par soi-même. En revanche, cela semble plus délicat quand il s'agit de faire le lien avec la guérison...

C'est tout à fait naturel, car c'est un secret. **En effet, le secret de la guérison se trouve dans la respiration** ! Tous les sages et les initiés des temps passés l'ont su. Mais, de nos jours, nous avons perdu cette connaissance essentielle. Par exemple, les Hindous disposent d'une méthode datant de plusieurs millénaires qui s'appelle le *pranayama* : c'est un ensemble d'exercices respiratoires ayant pour but une harmonisation de tout l'être. Ces exercices les maintiennent en bonne santé, voire davantage (ils constituent souvent une base de leur pratique de l'évolution spirituelle). Malheureusement, il serait aberrant, pour un Occidental de notre temps, de vouloir pratiquer le *pranayama* hindou, car celui-ci n'est pas adapté pour lui. Voici ce qu'en dit l'Initié bulgare Peter Deunov (1864-1944) : « *Concernant la respiration profonde, je n'ai pas l'intention de recommander les exercices spéciaux des Hindous, puisqu'ils ne sont pas applicables aux Européens. Si les Européens les pratiquent, ils se heurteront à de grandes contradictions.* »

Pour le lecteur qui aimerait pratiquer des exercices de respiration adaptés à l'Occidental, nous vous recommandons l'excellent ouvrage du disciple de Peter Deunov, Boyan Boëff : « *La Respiration dans l'enseignement du Maître Deunov* » (Le Courrier du Livre).
Que pourrions-nous dire de ceux qui enseignent en Occident les exercices hindous du *pranayama* ? Qu'ils sont des charlatans, pour le moins inconscients et ignorants, car ils ne savent pas qu'ils peuvent causer des désordres chez l'Occidental avec de tels exercices ! De

toute façon, nous ne recommandons pas aux Occidentaux de pratiquer une voie spirituelle orientale: aucune n'est adaptée pour l'Occidental, de même que les voies spirituelles occidentales ne sont pas adaptées aux Orientaux. Nous avons déjà clairement approfondi ce sujet (cf. *La Vie Spirituelle*, même auteur et même éditeur).

Chacun sait que la respiration, c'est la vie. Nous pouvons survivre plusieurs jours sans boire et plusieurs semaines voire mois sans manger, mais nous ne pourrions pas survivre au-delà d'une poignée de minutes sans respirer! De nombreux enseignements passés nous ont démontré que la respiration subissait les aléas des émotions humaines. Selon notre état intérieur, notre rythme cardiaque s'accélère ou ralentit, et de même, nous respirons plus vite et avec difficulté, ou plus aisément. Quand on sait que la respiration est directement liée avec le corps astral de l'être humain, et que ce même corps astral, à cause des vices ou des vertus qu'il contient, nous apporte équilibre et santé ou maladie, il devient possible de concevoir que l'état de pureté ou de pollution de notre corps astral (corps des désirs, émotions, sentiments, sensations, etc.) influe largement sur notre respiration et notre santé.

En résumé: plus votre corps astral est pur (peu de désirs égoïstes ou alors maîtrisés, pensées élevées qui raffinent les émotions et sentiments, etc.), et plus votre respiration est lente et profonde, et votre rythme cardiaque tranquille. Dans ce cas, votre santé sera bonne. En revanche, plus votre corps astral est pollué par toutes sortes de désirs, frustrations, émotions excessives et sentiments viciés, et plus votre respiration est rapide et chaotique (de même pour votre rythme cardiaque, puisque les deux sont liés). Dans ce cas, votre niveau énergétique est faible et vous « ramassez » tout ce qui traîne comme virus et bactéries, et vous êtes souvent malade ou affaibli.

Il est possible d'en déduire au moins deux comportements à mettre en place: premièrement, vous purifiez votre corps astral, c'est-à-dire

vous apprenez à maîtriser vos désirs, à calmer vos émotions, à raffiner vos sentiments, et vous cultivez des Vertus dans votre cœur[1]. Deuxièmement, vous travaillez sur votre respiration, afin de la ralentir quelque peu, de la rendre plus profonde et harmonieuse. **La purification de votre corps astral harmonisera votre respiration. Et la meilleure maîtrise de votre respiration purifiera votre corps astral.** Bien évidemment, associer les deux méthodes permet d'obtenir le meilleur résultat en un délai plus court.
Comme tout est lié, comprenez bien que la qualité de votre respiration dépendra en partie de la qualité de votre nutrition : le travail réalisé avec Gabriel sur la nutrition est « récupéré » par Raphaël. **La nutrition, avec ses différents niveaux, est une base sur laquelle s'édifie le travail intérieur de Raphaël sur notre système respiratoire, qui influe lui-même sur nos relations**.
Enfin, notez bien que la respiration est le seul système, dans le corps humain, qui génère des forces de guérison pour tout le corps ! D'où l'importance de bien respirer…

3. Uriel - Saturne et Jupiter, signe du Capricorne, l'élément Terre et le Sud.

Son domaine à l'intérieur de l'être humain est celui de la **pensée**, en lien avec le cerveau. Nous avons vu que Gabriel s'occupe principalement de la zone du ventre (et du cerveau entérique), et que Raphaël a sa sphère d'action au niveau de la poitrine (système rythmique cœur-poumons). Avec Uriel, nous atteignons la tête. Nous avons encore « grimpé » d'un cran. **Le travail d'Uriel en chacun de nous est rendu possible par l'œuvre de ses amis qui l'ont précédé : Gabriel et Raphaël**. D'après la manière dont nous nous nourrissons (au sens large), il en résulte une respiration plus ou moins équilibrée (et des relations en rapport). De même, notre sphère cognitive fonctionnera plus ou moins bien selon l'état ou le niveau (bon ou mauvais) de notre nutrition et de notre respiration. Il est bien connu qu'il est très

1. cf. *Vers une Nouvelle Éthique*, déjà cité.

difficile, sinon impossible, de réfléchir lorsque nous trempons dans des peurs ou sommes en colère : dans ces cas, notre respiration est chaotique, et notre concentration médiocre voire inexistante. Savez-vous, par exemple, que si vous mangez souvent de la viande, mais que vous êtes incapable de la digérer correctement (spirituellement parlant, et non pas physiquement), elle va générer en vous beaucoup de désirs et un surplus émotionnel qui vous débordera régulièrement ? Ces états de débordements émotionnels influeront sur votre respiration, en la rendant trop rapide, et vous aurez des difficultés à bien penser et à vous concentrer.

C'est durant la période hivernale qu'Uriel pénètre en l'être humain pour agir sur sa pensée et son système cérébro-spinal. Si les deux étapes précédentes avec Gabriel et Raphaël se sont bien déroulées, alors les forces uriéliques vous aideront à réfléchir, vous concentrer, méditer, trouver des solutions, structurer vos pensées, vous organiser, vous individualiser, étudier, mieux comprendre les connaissances élevées, effectuer des recherches, réaliser des bilans et tirer des leçons de vos expériences, et assumer vos responsabilités. **Le domaine cognitif ou celui de la pensée est le point le plus élevé chez l'être humain (la tête domine le corps), et c'est depuis cet endroit que l'individu peut se relier à Dieu**. C'est là que la Lumière peut descendre et apporter l'éveil dans n'importe quel domaine. Tout cela est sous la responsabilité d'Uriel, et c'est en hiver que c'est accentué, puisqu'il agit en l'être humain. Son nom signifie : « Lumière divine ».

La forteresse de la tête, souvent représentée dans les contes et légendes par un château fort, protège le cerveau qui baigne dans le liquide céphalo-rachidien. Il faut savoir que le cerveau est une sorte de synthèse de tout l'être. En effet, il est constitué de trois parties, apparues à des époques différentes de l'évolution humaine. Pour simplifier, disons que la zone la plus ancienne du cerveau est celle du cervelet, situé à l'arrière du crâne, qui est relié aux mouvements, à l'équilibre et aux instincts, et que nous associons à l'aspect volontaire. Ensuite, nous avons le système limbique (plutôt au centre du cerveau), apparu en second, qui est le « cerveau émotionnel ». Enfin, la partie du cerveau la plus récente est le cortex cérébral, comprenant les deux hémisphères cérébraux. C'est le cortex qui reçoit les pensées et les traite, et permet également la compréhension. L'hémisphère gauche est le centre de la réflexion logique, du calcul et du langage ; quant à l'hémisphère droit, il est le centre de la perception spatiale, la créativité, la formation des images, et l'inspiration. Le cortex cérébral représente donc bien le domaine de la pensée (tête), tandis que le système limbique est celui du sentiment et des relations (poitrine), et enfin le cervelet est celui de la volonté (ventre). Tout part du cerveau… en apparence.

Mais, il est vrai que la pensée doit jouer le rôle de chef d'orchestre chez l'être humain, d'où l'importance de s'ouvrir aux forces uriéliques, durant la période hivernale, où Uriel entre en l'être humain pour harmoniser au mieux la sphère cognitive de chaque individu. Ainsi, l'hiver est la saison idéale pour réaliser des bilans, tirer des leçons de ses expériences de vie, pour mieux s'organiser, structurer sa pensée, trier ses idées, préparer ses plans. Il est dit que « *Ce qui naît à Noël doit éclore à Pâques* ». En fait, ce que nous pensons durant l'hiver, les plans que nous établissons, en profitant au mieux des forces uriéliques, devraient devenir une créativité exprimée durant le printemps. Si vous voulez étudier des connaissances et/ou méditer ou apprendre à méditer, la période hivernale vous facilitera ce travail.

Bien évidemment, et comme avec ses deux amis Gabriel et Raphaël, la qualité de nos pensées dépendra de celle de notre nutrition (au sens large) et de celle de notre respiration (et par extension celle de nos relations). Nous pourrions dire également qu'un individu qui dispose d'une bonne pensée, saura bien organiser sa vie (ceci se verra jusque dans le rangement de sa maison et l'organisation de son emploi du temps !). Il sera créatif, et sa vie relationnelle sera équilibrée. De même, si vous souhaitez améliorer votre concentration, pensez à l'hiver, car c'est la période idéale pour faire des progrès dans ce domaine… à condition, toutefois, de faire quelques efforts… mais ceux-ci seront beaucoup plus efficients que pendant les autres saisons de l'année.

> En résumé : **la substance raphaëlique de guérison monte dans la tête humaine et devient le support permettant aux pensées de s'incarner dans le cerveau** (car ce n'est pas le cerveau physique qui pense : en réalité, le cerveau reçoit des pensées, qu'il doit ensuite traiter). Selon la qualité de cette substance raphaëlique, Uriel pourra exécuter son travail dans les meilleures conditions ou pas.

Nous pensons que le lecteur a maintenant bien compris que les quatre tours de la Forteresse de l'Harmonie, avec leurs quatre Archanges, fonctionnent comme un tout, un ensemble indissociable, où chaque force s'amplifie en s'associant aux autres. Ainsi, les pensées renforcées par la substance uriélique vont ensuite vouloir descendre dans la volonté humaine, afin de prendre forme. Uriel confie alors ces pensées à son ami Michaël qui agit en l'être humain essentiellement au printemps, d'où le fait que ce qui est pensé en hiver doit se manifester au printemps, ou nous dirons : passer d'Uriel à Michaël.

4. Michaël - Mars et le Soleil, signe du Bélier, l'élément Feu et l'Est.

Son domaine de prédilection en l'être humain est la **volonté**, principalement au niveau des membres et du système musculaire, ainsi que le cœur. Et il travaille en l'être humain pendant la saison printanière. Alors que Gabriel régit la volonté passive et subconsciente, avec tous les processus inconscients du système métabolique (digestion, etc.), Michaël gouverne davantage la dimension consciente ou partiellement consciente de la volonté humaine, c'est-à-dire celle qui résulte d'une action choisie grâce au libre

arbitre humain (même si le choix en question n'est pas toujours pleinement conscientisé par l'individu).
Après être montés jusque dans la tête, où nous avons rencontré Uriel, nous voici redescendus dans les membres et même jusque dans les muscles, car c'est là que Michaël œuvre, nous incitant à agir le Bien, que nous avons tout d'abord pensé correctement, grâce à Uriel.
Nous arrivons ici à la finalisation de tout le processus de la Forteresse de l'Harmonie, car le but est d'apporter davantage de Bien dans le monde des humains, afin de contribuer à son évolution. Si notre nourriture (aux quatre niveaux déjà évoqués) est équilibrée, si notre respiration est tranquille et profonde, alors nos pensées seront claires, précises et concentrées. Nous serons devenus capables de recevoir la Lumière d'Uriel. Nous pourrons alors construire en nous un projet, une créativité, qui se manifestera au printemps, grâce à l'action de Michaël en nous. Non seulement Michaël nous aidera à manifester notre Bien, mais il en sera également le gardien, en quelque sorte.
En effet, Michaël, en tant que chef des armées célestes, et Saint Patron des chevaliers du St-Graal, est prêt à nous soutenir dans notre combat contre nos faiblesses (nos vices ou dragons intérieurs). En nous unissant à Michaël durant la période printanière, il nous devient possible, depuis notre cœur-soleil (lieu michaëlique, par excellence) de repousser les forces mauvaises qui veulent empêcher notre Bien d'éclore et de s'incarner dans le monde, pour le plus grand bien de tous.

Il serait illusoire et dangereusement naïf de croire qu'il suffit de « vouloir » le bien pour qu'il se répande dans le monde ! Il existe des forces qui s'opposent au bien, des forces archaïques, des forces d'inertie, qui détestent la nouveauté, la grandeur, l'héroïsme, le futur. Lorsque l'individu se laisse aller ou qu'il est trop naïf, ou trop lâche, pour combattre ces forces d'obstacles qui existent en lui (et que toutes les civilisations qui nous ont précédés ont connues), alors son bien est dispersé, affaibli ou détruit.

Le printemps est la meilleure période de l'année pour manifester notre créativité, mais aussi et surtout pour apprendre à agir de manière juste, en incarnant les pensées que nous avons formées et sculptées minutieusement durant l'hiver, avec l'aide d'Uriel. Alors, notre période printanière sera une floraison bénéfique pour tous, car nous agirons notre Bien, avec l'aide de Michaël, et nous rayonnerons notre individualité, depuis notre cœur-soleil, dans le but de participer au futur de l'humanité.

Tel est l'aboutissement de la Forteresse de l'Harmonie : la mise en pratique de ce travail grandiose, qui couvre les principales dimensions de l'être humain, l'amène à maîtriser ses pensées, son sentiment, à savoir ses relations, ainsi que ses actes. **Alors, coule la force de toutes les forces : l'Amour. En effet, l'action juste et libre est forcément imprégnée d'amour.** Avec Uriel, nous travaillons notre pensée. Avec Raphaël, nous travaillons notre sentiment et nos relations. Et avec Gabriel, nous apprenons à nous nourrir correctement pour créer une base solide en nous. Mais avec Michaël, nous allons plus loin :

> Avec Michaël, nous faisons descendre une nouvelle force, une quatrième force, celle de l'humain du futur : l'Amour.
> Avec Michaël, nous apprenons à agir par amour, ou encore, à pratiquer l'amour dans l'action.
> Avec Michaël, nous devenons un être humain du futur, ou encore, un nouvel être qui est plus qu'un humain !

Résumé et Bonus

Si vous souhaitez pratiquer la Forteresse de l'Harmonie, **il est capital de commencer par la tour de Gabriel**, celle de la nutrition, car elle constitue la base et les fondations de l'ensemble de ce travail. Il est important d'apprendre à vous nourrir correctement, pas uniquement au niveau de l'alimentation, mais également aux trois autres niveaux (connaissances, images de beauté et force morale).

Concernant l'alimentation, nous voulions vous donner quelques éléments supplémentaires :
Tout d'abord, retenez ceci : **aucune règle collective n'est valable pour vous** ! Pourquoi ? Parce que nous sommes tous différents et uniques !
Un véritable nutritionniste ne tiendra compte que de vous seul et vous prescrira ce qui vous convient… et non pas ce qui convient à votre voisin !
Vous pouvez donc jeter les règles qui fleurissent dans tous les livres et magazines ! **Les seules règles à observer, en matière de nutrition, sont celles que vous devez vous donner, selon qui vous êtes** (ou selon quelqu'un qui vous connaît bien).
Nous avons vu plus haut l'exemple de la nourriture carnée : si vous êtes très émotionnel et/ou très colérique, il ne faut surtout pas manger de viande ! En effet, la viande amplifiera vos émotions et générera des accès de colère plus réguliers. En revanche, si vous n'êtes pas trop émotionnel et que vous vous sentez un peu « planant », pas très incarné, alors manger de la viande sera bénéfique pour vous, car elle vous aidera à « descendre » ou « habiter » davantage votre corps.
Bien sûr, il est très important de manger « bio » au maximum, car la nourriture « morte » aux O.G.M ou farcie aux pesticides n'est pas « reconnue » par le corps. Dans ce cas, il la stocke et ne sait pas quoi en faire (enfer, diront certains !) et ceci provoque l'obésité, notamment !
Sachez que le rôle de la nourriture n'est pas de « nourrir » l'être humain ni de lui donner de l'énergie ! En vérité, c'est le fait que le corps combat la nourriture que vous ingérez (car ce sont des corps étrangers pour lui) qui crée de l'énergie et donne l'impression de vous régénérer.
Or, un beau combat de votre corps contre une sorte d'alimentation n'est possible qu'avec une nourriture de qualité, c'est-à-dire « bio » ou la plus naturelle possible, ou créée par des gens qui aiment ce qu'ils font.

Ce qui est également à prendre en considération est que les habitudes nutritionnelles que vous avez acquises vous viennent principalement de vos parents… et elles ne sont pas forcément bonnes pour vous…! Nous vous conseillons de passer en revue toutes vos habitudes alimentaires, et de vous demander sincèrement : « D'où me viennent-elles ? » Si elles vous viennent de vos parents, ou pire, des pubs ou des émissions de télé, débarrassez-vous-en… en vous individualisant (cf. la méthode de l'Individualisation du même auteur dans *Le Nouveau Tarot de l'Individualisation*, même éditeur).

La nutrition est une affaire strictement individuelle.

Aujourd'hui, la « consommation » des images est devenue un énorme moyen d'influence et de manipulation de l'être humain. Il est donc essentiel de savoir faire des choix et de ne pas vous laisser influencer ou manipuler.
Oubliez les pubs qui sont de plus en plus manipulatrices, agissant sur le subconscient. D'un point de vue psychique, c'est du viol !
Si vous pouvez vous débarrasser de la télé, ce sera un gros problème en moins, car son système d'infos et ses émissions visent ces buts : abêtir l'humain (par des divertissements vraiment très médiocres !), lui faire acheter, ou désirer, n'importe quoi (vous avez dit « manipulation » ?!), le rendre impuissant et insécurisé (à force de mauvaises nouvelles et de catastrophes pour lesquelles il ne peut rien !).

Si vous appréciez les films, les séries télé ou les comics, alors choisissez-les pour leur qualité et les valeurs morales qu'ils transmettent ou leurs messages d'espérance ou de fraternité (si, si, il en existe, mais il faut chercher un peu parmi le magma des productions médiocres et abêtissantes qui représentent environ 80 à 90% de la totalité !).
Et si vous avez l'impression de vous être « fait avoir » par un film, par exemple, une fois l'expérience terminée (vous pouvez aussi arrêter en cours de route !), imaginez la fin que vous auriez aimé voir, ou qui vous semble la plus morale au vu de l'histoire racontée dans ce

film… mais ne restez jamais l'otage d'une histoire immorale qui vous marquerait inutilement et vous ferait vivre des cauchemars. Sentez-vous bien libre de recréer ce qui ne vous convient pas !

La rédemption de la Nature

Nous allons aborder le domaine le plus pointu concernant la guérison de la Nature. Vous trouverez dans cet ouvrage de nombreux éléments de réflexion, mais aussi de nombreuses méthodes concrètes, afin d'aider à la guérison de la Nature. Cependant, rien n'est aussi radical et puissant que la méthode que nous allons explorer maintenant.

Notez que cette méthode est davantage liée avec le futur de l'humanité (l'ère du Verseau, notamment), mais il est possible, malgré tout, de la mettre en pratique dès aujourd'hui.

L'idéal de la rédemption de la Nature est très élevé, et il se développera durant une très longue période de temps.

À la base de cet idéal grandiose, se trouvent les paroles du Christ qu'Il a prononcées à la fin de Son sermon sur la montagne, où Il a transmis les Béatitudes. À la fin de ce sermon Il a exprimé cette mystérieuse phrase :

« ***Vous êtes le sel de la Terre.*** » (Matthieu, 5, 13).

A priori, il semble qu'Il a voulu dire que ceux qui pratiqueraient les Béatitudes deviendraient le « sel de la Terre ».

Nous ne pouvons pas développer toutes les richesses que contiennent les Béatitudes données par le Christ, mais sachez que c'est un résumé, une synthèse du chemin d'évolution spirituelle christique.

Lorsqu'un aspirant pratique le sentier christique, il expérimente les Béatitudes tout au long des étapes de son évolution spirituelle.

Ainsi, le « sel de la Terre » est une mystérieuse substance que l'Initié acquiert sur le sentier christique, à un certain stade de son développement.

En fait, nous pouvons dire que c'est l'impulsion christique elle-même, c'est-à-dire la substance spirituelle que le Christ a déposée dans le cœur spirituel de l'être humain il y a deux mille ans… et qui est pleinement « dynamisée » par le sentier christique mis en pratique par l'aspirant ayant vécu les Béatitudes.

Le « sel de la Terre » fait référence à une action de tels Initiés par rapport à la Nature.

À quoi sert le sel habituellement ? À donner du goût aux aliments.

Les Initiés ayant pris totalement en eux l'impulsion christique et l'ayant développée à son maximum sont devenus capables de donner un certain « goût » à la Terre ou à la Nature.

De quoi s'agit-il ? Quel est ce goût ?

Nous pourrions dire que ce goût est le résultat du développement moral ou éthique des Initiés, et que c'est également un total rayonnement de l'amour depuis leur cœur.

Comprenez bien que, si l'être humain absorbe de la nourriture et qu'il fait donc entrer en lui une part de la Nature extérieure… en même temps, de par ses actes, il extériorise certaines forces venant de son intériorité dans le monde extérieur, dans la Nature.

Bien évidemment, la qualité de ses actes est essentielle pour aider à la rédemption de la Nature.

N'oubliez pas que l'être humain, faisant partie intégrante de la Nature, n'a pas besoin d'agir au sein même de la Nature, car il est toujours « dans » la Nature où qu'il soit.

Nous pouvons en déduire que : **le fameux « sel » est une essence que l'être humain d'un certain niveau de conscience ajoute à ses actes. Cette essence imprègne alors la Nature et lui octroie un certain « goût » éthique qui aide à sa rédemption.**

Continuons à creuser cette idée…

Pour cela, il nous faut comprendre que la Nature, dans son ensemble, est neutre ou innocente : elle n'est ni bonne ni mauvaise (ceci n'est

pas un point de vue de l'auteur, mais une réalité due au type de création de la Nature).
La Nature est donc constamment ballottée entre les forces du bien (assez minoritaires à notre époque) et celles du mal qui détournent constamment certaines forces de la Nature de leur mission (ce qui explique les catastrophes collectives dites « naturelles » !).
Ceci est dû au fait que : **la Nature n'a pas de conscience morale individuelle. Elle fait ce qu'elle a à faire, et elle se situe entre le monde spirituel du bien (en haut) et le monde du mal (en dessous).**
Pour que la Nature puisse se rédempter, il est capital qu'elle acquière une conscience morale propre ou individuelle, afin qu'elle puisse faire des choix. Ainsi, elle ne sera plus manipulée par les forces négatives d'en bas ni par l'égoïsme humain.

Il faut libérer la Nature et lui offrir
le cadeau du libre arbitre,
le cadeau de la conscience morale ou éthique.

C'est le « goût » que les Initiés peuvent lui apporter.
Mais est-il vrai que seuls les Initiés peuvent apporter ce nouveau goût à la Terre ?
Oui et non.
Il est vrai que seuls les Initiés peuvent rédempter la Nature ; d'où l'extrême importance pour le futur qu'il continue à y avoir des voies spirituelles christiques dans le monde ! Il existe une véritable « guerre » à ce sujet, depuis une vingtaine d'années environ, afin de faire disparaître toute forme de voie spirituelle christique.
Ce serait la fin de la Nature et de l'humanité !!!
Mais, **tout individu effectuant une voie spirituelle, et cultivant en lui des forces morales ou éthiques, peut participer aussi à ce travail de rédemption.**

Pour ce faire, il est essentiel que certains de ses actes soient « désintéressés », sans aucune attente de récompense (c'est de plus en plus rare de nos jours !), et effectués avec le plus de conscience et de présence possible. Cela nécessite un travail vertueux important, mais tout à fait réalisable par n'importe qui s'en donnant les moyens, et concerné par la rédemption de la Nature[1].
Ensuite, l'aspirant choisit une créativité, à savoir un acte de Bien, qui soit impérativement désintéressé, voire secret, mais où il devra se dépasser, se transcender pour l'accomplir (cf. *L'Aventure Héroïque* de Céline & Pierre Lassalle, même éditeur, qui aide à définir précisément comment atteindre n'importe quel but ou idéal, réaliser n'importe quel projet, grâce à la maîtrise des lois de la manifestation).

Lorsque l'Initié agit, il produit quelque chose de plus qu'un être humain « normal » ou non initié : une substance de vie spirituelle qui imprègne chacun de ses actes et tout ce qu'il touche à ces occasions. **Cette substance de vie spirituelle est ce fameux « sel » dont la Nature a besoin.**

Quand un organisme humain a un manque de sang, une solution saline injectée dans le sang peut rendre de grands services, car le sel peut remplir certaines des fonctions du sang.
Le sel que l'on trouve dans la Nature est en réalité la substance qui se rapproche le plus du sang humain. Or, le sang humain est le support physique du « Je » et donc, par extension, de la conscience de soi ou conscience morale de l'individu.
Si la Nature peut nous donner une substance qui se rapproche de notre sang pour nous aider, pouvons-nous lui offrir une « substance » qui puisse devenir un support de conscience morale ? Une sorte de « sel » en quelque sorte ?!
Cette « substance » est ce que nous appelons « **l'éther de conscience morale** ».

---

1. (cf. *Vers une Nouvelle Éthique*, déjà cité).

Qu'est-ce que l'éther de conscience morale ou éthique?

C'est un cinquième éther, qui résulte d'une transformation d'une partie de l'éther de vie en l'être humain. Bien sûr, un Initié ayant pleinement accompli son évolution a transformé son corps éthérique en corps du Fils de l'Homme et il regorge d'éther de conscience morale. D'où la révélation christique: « *Vous êtes le sel de la Terre.* » Mais, pour une personne non initiée, comment cela se révèle-t-il possible?

Exemples d'une approche conduisant à la création d'éther de conscience morale:
Des scientifiques œuvrant dans le domaine de la qualité[1], et non dans celui de la quantité comme une écrasante majorité de scientifiques actuels, et pratiquant la méthode d'évaluation de la cristallisation sensible, ont découvert un fait étonnant, se rapprochant de ce qui précède. En simplifiant à l'extrême, la méthode de la cristallisation sensible fait apparaître, grâce à des cristaux (d'où l'appellation), une image physique de la qualité éthérique ou énergétique d'un aliment (par exemple). Si l'aliment en question est « bio », ceci se verra à son image harmonieuse. Si au contraire il est de piètre qualité, ceci se verra d'après son image disharmonieuse.

Ces scientifiques qualitatifs (cf. l'ouvrage « *Cristaux Sensibles* » de Marie-Françoise Tesson et Miguel Angel Fernandez Bravo – éditions du Fraysse) savent qu'il existe un corps éthérique ou vital chez l'être humain, ainsi que dans la Nature, et que celui-ci entre en résonance avec des éléments physiques pour produire tous les processus de la

---

1. Ce que j'appelle « qualité » se traduit d'une part, par la vitalité (d'un aliment, par exemple) et d'autre part, par l'harmonie de l'ensemble (un équilibre entre les forces terrestres de gravité ou d'organisation et les forces cosmiques de lévité ou de croissance).
Par exemple, lorsqu'un aliment est issu de l'agriculture conventionnelle, il apparaît comme quasiment « mort », avec une très faible vitalité, et des forces terrestres trop dominantes qui l'amènent très vite à la décomposition.
La bonne question serait alors: « Si je mange ce type d'aliment « mort », quels effets a-t-il sur mon organisme? »

vie : l'éther de chaleur avec l'élément feu, l'éther de lumière avec l'élément air, l'éther chimique avec l'élément eau, et enfin l'éther de vie ou d'identité avec l'élément terre.
Par exemple, dans la Nature, l'éther de vie est relié aux racines, l'éther chimique aux feuilles, l'éther de lumière aux fleurs, et enfin, l'éther de chaleur aux fruits.
Dans l'être humain, l'éther de vie (lié avec l'élément terre, le tempérament mélancolique et la bile noire) est associé au corps physique ; l'éther chimique (lié avec l'élément eau, le tempérament flegmatique et la lymphe) est associé avec le corps éthérique ; l'éther de lumière (lié avec l'élément air, le tempérament sanguin et le sang) est associé avec le corps astral ; enfin, l'éther de chaleur (lié avec l'élément feu, le tempérament colérique et la bile jaune) est associé avec le corps mental (et par extension au « Je »).
Dans certaines expériences de cristallisation sensible est apparu un phénomène surprenant : une « signature humaine », en dehors des quatre éthers habituels, œuvrant au sein des quatre éléments pour les maîtriser.

Par exemple, si plusieurs boulangers se mettent à fabriquer du pain, dans les mêmes conditions, il apparaîtra une signature humaine différente pour chaque pain, tandis que les autres signatures des éthers montreront les mêmes données qualitatives. La signature humaine, c'est-à-dire une part de sa propre vie que l'être humain a mise dans son acte, apparaît en tant que cinquième éther, ressemblant à l'éther de chaleur tout en étant différent. Pourquoi une sorte de cinquième éther ressemblant à l'éther de chaleur ? Parce que la chaleur que l'on trouve dans le sang humain est « le porteur » de l'essence de l'esprit. Ainsi, lorsqu'un être humain travaille dans un état d'esprit qualitatif et créatif, avec un cœur ouvert, il donne de lui-même (un peu de son esprit ?) à sa création… et cela est vérifiable ! En donnant un peu de sa vie ou de son esprit, il crée une cinquième signature ou un cinquième éther, celui que j'appelle l'éther de conscience morale.

En résumé : **La chaleur de l'esprit et la force de vie de l'individu, à savoir sa passion désintéressée pour son travail et/ou sa créativité, le conduisent à générer un nouvel éther : l'éther de conscience morale.**

Pour un Initié, c'est constant ; et pour un non initié, c'est possible d'en créer dans certaines conditions, que nous synthétisons ici, pour ceux qui veulent s'y mettre :

✶ *Aimer vraiment ce que l'on veut créer* ; le choix doit être profond, existentiel, et non superficiel.

✶ *Agir avec le désintéressement le plus total* (ceci implique un travail intérieur sur ses attentes ; n'oublions pas que, dans notre société de désirs, nous sommes « dressés » pour avoir toujours des attentes subconscientes ! Nous n'agissons jamais pour « rien », même dans le bénévolat !).

✶ *Agir vertueusement* ou avec une grande conscience morale ou éthique[1].

✶ *Agir avec une grande présence d'esprit*, et ne penser qu'à cela pendant sa création.

✶ *Ressentir son cœur bien ouvert* (bon symptôme).

✶ *Ressentir beaucoup de chaleur pendant son acte* (autre bon symptôme).

✶ *Cultiver l'espérance de participer à une belle œuvre collective : la rédemption de la Nature.*

En agissant ainsi, nous aurons l'impression de donner un peu de notre sang et/ou de notre vie à la Nature. En vérité, ce sera exact : nous lui aurons offert un peu d'éther de conscience morale ou éthique.

1. cf. *Vers une Nouvelle Éthique*, déjà cité.

Et, qu'est-ce que cela apportera à la Nature?

Les êtres œuvrant dans la Nature saisiront ce « nouvel éther », qui sera pour eux un « pont », ou un intermédiaire, comme l'est le sel pour le sang chez l'être humain, afin d'acquérir la conscience de soi ou conscience morale.

Cette conscience de soi leur permettra d'obtenir un embryon de corps mental et de « Je » ou d'esprit ; et à partir de cette étincelle de conscience éthique individualisée, ils pourront choisir entre le Bien et le mal.

Et, c'est ce choix libre qui les mènera sur le long chemin de la rédemption, dans une collaboration de plus en plus étroite avec les êtres humains, une collaboration reposant sur la liberté et la fraternité.

C'est sur ce beau chemin que nous invitons le lecteur, qui se sent concerné par la destruction de la Nature, et qui souhaite non seulement y mettre un terme, mais qui, de plus, veut œuvrer à la rédemption de la Nature…

Chapitre 4

Naturosophie 1

La Nature : ce sont des êtres !

Après avoir exploré ce que nous entendons par écosophie au cours des trois premiers chapitres, nous allons maintenant consacrer deux chapitres à la présentation de ce que nous appelons : la Naturosophie.
La Naturosophie, n'ayant rien à voir avec la naturopathie, est – tout autant que l'écosophie – une sagesse ou connaissance pratique de la Nature, mais plutôt dans sa dimension occulte ou invisible.
Selon notre définition : **la Naturosophie s'occupe de la connaissance des forces et des lois de la Nature, du point de vue ésotérique ou spirituel.**

Que sont les forces de la Nature ?

Les forces de la Nature sont des êtres. Partout où existe une production d'énergie, existe un être : c'est « lui » l'énergie !
Il faut vraiment adhérer à l'état d'esprit matérialiste pour croire que l'énergie se produit « comme ça » en appuyant sur un bouton !
Les gens sont tellement habitués à raisonner de manière maté-

rialiste, à la surface des choses ou d'une manière superficielle, qu'il ne leur viendrait même pas à l'idée qu'ils disposent pourtant d'un bon exemple leur montrant que même si l'énergie est invisible, elle n'en est pas moins puissante. Il s'agit de l'électricité : personne n'a jamais vu l'électricité ; nous n'en voyons que les effets. Pourquoi ? Tout simplement parce que l'énergie électricité est invisible... et que cette fameuse énergie invisible, en réalité ce sont des êtres.
Des gens vous diront que c'est de la superstition !
Mais ne croyez-vous pas qu'il est encore plus ridicule de croire que l'énergie apparaît partout « comme ça », plutôt que de penser que toute énergie est le rayonnement d'un être, sa vie même ?!
Nous pouvons dire, sans la moindre exagération, que la superstition est dans le camp des matérialistes et utilitaristes convaincus, qui croient que l'énergie n'a aucun support réel et qu'il suffit d'appuyer sur un bouton pour la produire.
Quelle ignorance, et quelle naïveté !

Encore une fois, lorsque nous écrivons que derrière toute énergie existe un être, nous n'exprimons pas un point de vue qui nous est propre pour nous opposer au matérialisme ou à la science : ce que nous affirmons repose sur des connaissances maintes fois vérifiées sur de nombreuses années.
Pourquoi la science moderne n'a-t-elle pas découvert tous ces êtres à l'œuvre dans la Nature, alors qu'ils sont connus depuis la nuit des temps par toutes les civilisations nous ayant précédés ?
Tout simplement parce que la science se contente d'explorer le monde physique matériel... or ces êtres vivent dans le monde physique subtil ou monde éthérique qui, pour l'instant, n'est pas encore directement accessible à la science.
Toutes les civilisations du passé ont connu le fonctionnement de la Nature et des petits êtres qui y travaillent.
Nous ne faisons finalement que constater ce formidable ouvrage réalisé au sein de la Nature, et orchestré par certaines entités spirituelles

dont nous parlerons plus loin, et qui représentent, quant à elles, les Lois de la Nature.

Il nous semble essentiel de savoir que la Nature est habitée !
Peut-être que, si les humains connaissaient l'existence des êtres œuvrant dans la Nature, ils la respecteraient davantage, sachant qu'elle est emplie de forces vivantes, agissant pour le bien de l'humanité.

Nous pensons, *a contrario*, que l'ingratitude de l'humain moyen vis-à-vis de la Nature est notamment due au fait qu'il ne la voit que comme de la matière, et ne se rend pas compte qu'elle est vivante et grouillante d'êtres y travaillant.
Ainsi, en détruisant la Nature, ce n'est pas de la matière mais des êtres qu'il extermine !
Cette connaissance, à la fois précieuse et fondamentale, peut donner du poids à celles et ceux qui veulent respecter Mère Nature et la défendre.

La hiérarchie des êtres de la Nature

Il est temps d'explorer la grande variété des êtres qui œuvrent au sein de la Nature, et qui constituent son énergie même. Nous parlons alors de « manteau énergétique ou éthérique » de Dame Natura ou Mère Nature.

En effet, l'ensemble des milliards d'êtres travaillant dans les diverses strates de la Nature forme une sorte de « manteau » qui recouvre la planète et lui apporte la vie, l'énergie, et tout ce dont l'humain a besoin pour exister sur la Terre.
Nous voyons une image-idée de cela sur la couverture de cet ouvrage.

Nous avons déjà vu qu'il existe quatre éléments, avec leurs contre-parties éthériques ou énergies du vivant.

Ces quatre énergies du vivant sont représentées par quatre grandes catégories d'êtres de la Nature.
En voici une première ébauche :

- Pour l'élément terre et l'éther de vie ou de cristallisation, nous avons les Gnomes qui sont une appellation générique regroupant une foule d'êtres comme les nains, les korrigans, les kobolds, les lutins, les faunes, les farfadets, certaines fées, etc.
- Pour l'élément eau et l'éther chimique ou de son, nous avons les Ondines ainsi qu'une foule d'êtres comme les nymphes, les sirènes, les nixes, etc.
- Pour l'élément air et l'éther de lumière, nous avons les Sylphes, les elfes, les fées, etc.
- Pour l'élément feu et l'éther de chaleur, nous avons les Salamandres ou les Pyraustas.

Comment peut-on globalement appeler ces êtres ?

Ce serait une erreur de leur donner le nom d'« esprits de la Nature », car ils ne disposent pas d'esprit individuel comme les êtres humains.
Seuls les pyraustas ou salamandres, les plus évolués de ces quatre catégories d'êtres, possèdent un embryon d'esprit individuel, ainsi qu'une ébauche de corps mental. Ils sont donc plus évolués que les animaux qui n'ont ni esprit individuel ni corps mental (désolé, mais Titine ou Médor n'a pas de pensée propre, car il n'a pas d'esprit individuel !).
En revanche, tous les êtres de la Nature (appellation la plus simple) disposent d'une sorte de corps physique non matériel et donc invisible, ainsi qu'un corps éthérique et un corps astral. Mais leurs corps sont différents de ceux des humains, ainsi que de ceux des animaux.
Nous pouvons également appeler ces êtres des « élémentaux » ou des « êtres des éléments », puisqu'ils œuvrent au sein des éléments, depuis leurs contreparties éthériques ou énergétiques.

Comprenez bien qu'ils ne sont pas « physiques matériels », c'est-à-dire que leur corps physique n'est pas aussi dense que le nôtre.
D'une manière toute relative, ces êtres des éléments sont donc constitués d'un corps physique, d'un corps éthérique et d'un corps astral « comme » les êtres humains, mais ils ne disposent pas d'un corps mental ni d'un esprit individuel ou « Je ».
Seuls les pyraustas, élémentaux du feu, disposent d'un embryon de mental et d'esprit individuel, ainsi qu'un petit nombre d'autres êtres de la Nature qui ont évolué au-delà des limites de leur « règne », comme le ferait un humain pratiquant une voie spirituelle à un haut niveau.
Les êtres les plus évolués sont ceux qui œuvrent tout particulièrement à la rédemption de la Nature… à son futur !

Nous développerons les fonctions des quatre principales catégories d'êtres élémentaires dans les chapitres 6 à 9, ainsi que leurs descriptions les plus courantes.
Pour l'instant nous en resterons à quelques concepts basiques, afin de bien nous faire comprendre par le lecteur.
Tout d'abord, il nous semble important de mentionner que les êtres de la Nature sont devenus à la mode depuis quelques années, et qu'il existe un grand nombre d'ouvrages à leur sujet.
Il faut malheureusement reconnaître que, comme c'est souvent le cas lorsque le « commerce » s'en mêle, les êtres des éléments sont assez maltraités par les auteurs avides de célébrité. Au lieu d'attirer l'attention sur ces êtres pour en prendre soin et leur témoigner notre gratitude envers leur travail, cela incite quantité de gens à « courir après les gnomes ! », c'est-à-dire vouloir à tout prix « rencontrer son gnome ! » pour s'en vanter ensuite auprès de son entourage. Cette littérature irrespectueuse et immorale qui propose parfois des sortes de « safaris » à la campagne pour rencontrer ces fameux êtres tant désirés, ne mérite pas le détour !
Le lecteur devra nous comprendre : nous ne sommes pas contre le fait de rencontrer des êtres de la Nature (et nous donnerons des exer-

cices pour ce faire), mais uniquement dans l'état d'esprit de donner de soi… et non pour « prendre » encore plus à la Nature, à savoir en agissant en consommateur qui pille tout, saccage tout, et finalement contribue à détruire la Nature, tout en se vantant de rencontrer des êtres des éléments et savoir ce qu'ils veulent de l'humain !
Marchands du temple, passez votre chemin !
L'être humain a déjà trop pillé la Nature… Notre but est de réveiller nos contemporains, afin qu'ils apprennent à donner à la Nature, ne serait-ce que pour la remercier de tout ce qu'elle nous donne de manière inconditionnelle.

Ensuite, bien que ce soit le travail des quatre principales catégories d'êtres des éléments que nous allons présenter, il ne faudrait pas croire qu'il n'existe que ces êtres au travail dans la Nature.
Il en existe beaucoup d'autres, nous en mentionnerons quelques exemples, qui vivent notamment « entre » deux éléments, ou qui ont une tâche particulière dépendant d'un ou deux éléments, tout en étant distincts du travail « classique » des quatre catégories que nous décrirons.

Nous percevons une hiérarchie entre les êtres œuvrant dans la Nature :
Les êtres des éléments sont les plus connus (gnomes, ondines, sylphes et salamandres), et ce sont eux qui exécutent le gros œuvre. Ils sont des milliards, et ils habitent partout sur Terre !
Et ils ont des « chefs » !
En effet, certains êtres de la Nature sont plus évolués que les quatre catégories « classiques », et ils jouent des rôles plus vastes ou jouissent d'une responsabilité plus grande.
Par exemple, nous pouvons citer les Nymphes qui s'occupent d'un lac (nous avons rencontré, notamment, celle du Lac Léman à Genève), voire d'une forêt, comprenant ou non un lac.
Parfois, une Nymphe « habite » une source sacrée de guérison, qui peut même réaliser des « miracles ». Ce que les gens, venant à cette

source, appellent « miracle », nous l'appelons Nymphe, car c'est son énergie dynamique qui octroie à cette eau son pouvoir de guérison. Si vous êtes clairvoyant et que vous allez voir une source sacrée, vous y verrez un être splendide, rayonnant son pouvoir de guérison dont il imprègne l'eau : il s'agit en vérité d'une Nymphe, un puissant être de l'élément eau.
De même, selon leur puissance de rayonnement ou leur évolution, il est possible de rencontrer de puissants êtres dans les montagnes, et notamment à leur sommet. Les montagnes dites sacrées, ou disposant d'un rayonnement tellurique considérable, le doivent à ces grands êtres protecteurs.
D'autres fois, il est possible de rencontrer un être de feu également très rayonnant, qui jouera pour vous un rôle d'intermédiaire ou de « pont » avec le monde spirituel pour favoriser votre inspiration (principalement l'été, la saison de l'inspiration) : cet être, ressemblant à un Ange, est un pyrausta particulièrement évolué qui jouera pour vous le rôle d'une Muse, comme les Grecs les nommaient.

Nous pouvons donc en déduire l'existence d'êtres de la Nature d'une puissance plus ou moins conséquente et se situant à un niveau supérieur par rapport aux petits êtres bien connus que sont les gnomes, ondines, sylphes et salamandres. Ces êtres peuvent jouer un rôle de « chefs », ou de « Princes » ou « Princesses », ou encore de Dames par rapport aux petits êtres… et d'autres fois, ils ne s'occupent pas de ces derniers, parce que leur mission est trop différente.

Ensuite, nous pouvons « grimper » encore plus haut, et nous trouvons les Rois et les Reines des éléments, par exemple.
Puis, tous ces êtres sont « chapeautés » par les quatre Archanges des saisons, que nous avons déjà présentés succinctement : Michaël, Gabriel, Raphaël et Uriel.
Et, tout au sommet, nous rencontrons Dame Natura ou la Mère Nature qui supervise et dirige tout ce qui se passe sur la planète au sein de la Nature… puisque la Nature, c'est Elle !

Au prochain chapitre, nous vous raconterons l'histoire de Dame Natura, et nous vous ferons assister à sa rencontre, telle que nous l'avons vécue !
En effet, tout ce qui se trouve dans cet ouvrage est le résultat de notre propre travail. Bien évidemment, de nombreux auteurs et chercheurs nous ont précédés et ont réalisé de brillantes études sur la Mère Nature. Il va sans dire qu'ils ont largement inspiré notre propre travail (et nous en citerons les principaux).
Mais, il nous faut affirmer également que nous sommes clairvoyants et que nous avons vécu plusieurs expériences de rencontre avec Dame Natura, ainsi qu'avec toutes sortes d'êtres de la Nature.
Notre enseignement est donc pratique et il repose sur une solide expérience.

Nous vous proposons un tableau résumé de la hiérarchie des êtres de la Nature page suivante…

Le fonctionnement de la Nature

Nous souhaitons maintenant vous inviter à pénétrer au-delà du voile de l'apparence matérielle trompeuse, afin de découvrir les rouages du fonctionnement de la Nature.
Il s'agit ici de vous présenter quelques bases ésotériques des forces et lois de la Nature.
Tout d'abord, vous devez comprendre que la Nature comporte bien d'autres dimensions que celles que nous percevons avec nos yeux.
La Nature est composée de différents mondes, comme nous allons le voir, et ce n'est pas parce que nos sens sont imparfaits que nous devons croire qu'il n'existe rien d'autre en dehors de ce que nous percevons !
Ce serait une forme de superstition !
Avec l'aide de nos cinq sens, nous percevons uniquement ce qui est

Hiérarchie - Êtres des Éléments & Natura

Quatrième niveau	NATURA			
	Uriel	***Gabriel***	***Raphaël***	***Michaël***
Troisième niveau	Agni ou Djinn, Roi du Feu	Viviane ou Niksa, Reine de l'Eau	Titania ou Paralda Reine de l'Air	Pan ou Ghobn Roi de la Terre
Deuxième niveau	Etres de Feu ou « Muses »	Nymphes de Lac ou de Source sacrée	Fées ou Nymphes de la Forêt	Etres des Montagnes
Premier niveau	Salamandres, Pyraustas	Ondines, Sirènes, Tritons	Sylphes, Elfes, Dryades	Gnomes, Nains, Korrigans

matériel. Or, ce qui est matériel est voué à la mort : c'est le cas de notre corps physique, dont la durée de vie est limitée, mais c'est aussi le cas pour la Nature qui meurt, chaque année, à l'automne, pendant le mois du Scorpion, qui symbolise justement la mort (notamment !).
Le lecteur peut facilement saisir que, si nous ne sommes capables de percevoir que ce qui est matériel et voué à la mort, la qualité de ce que nous projetons sur la Nature est plutôt pessimiste (pour le moins !) et morbide.

Nous en arrivons à notre première prise de conscience : habituellement, notre vision de la Nature est morbide, car nous lui projetons la mort !

Pas étonnant, que nous en arrivons à la détruire, puisque notre simple vision est déjà emprunte de la mort !

Bien sûr, nous sommes éduqués ainsi, et nous projetons constamment la mort sur tout ce que nous percevons !

En effet, nous ne percevons que ce qui est mort ou voué à la mort, c'est-à-dire le non-vivant (la matière est « morte », car elle n'est pas vivante en elle-même).

Afin de ne plus projeter la « mort », il faudrait être capable de percevoir le « vivant », à savoir l'éthérique, dans la Nature, ainsi que chez l'être humain !

D'ailleurs, pour vous en convaincre davantage, regardez comment vous fonctionnez, ainsi que votre entourage : la plupart du temps, ce qui vous vient à l'esprit en premier, par rapport à n'importe quel domaine, est la « mort » ou la destruction.

Exemple : vous achetez un appareil, et l'on vous vend une assurance supplémentaire, car vous allez certainement le faire tomber, et vous serez bien content de faire jouer l'assurance pour le réparer ou le remplacer ! Euh, mais il est neuf, puisque je viens de l'acheter, et je fais plutôt attention… Non, vous êtes un humain, donc vous cassez tout, et il vous faut une assurance et des garanties pour tout ce que vous achetez. Et vous vous laissez faire à chaque fois ou presque !

N'est-ce pas un état d'esprit extrêmement pessimiste, qui voit le négatif toujours en premier, avec le risque flagrant de destruction ou

de « mort » pour toute chose ?
Le fait d'être constamment insécurisé, et environné de systèmes de sécurité et d'assurances ou de garanties, montre l'image d'un humain terrifié par la mort, car tout est voué à la destruction.
Avec un tel état d'esprit, vérifiable partout et chez la quasi-totalité des gens, qui insistent toujours sur le négatif en premier (oui, mais, vous vous rendez compte, et si ceci ou cela arrivait !), nous sommes piégés par les forces de mort que nous projetons constamment autour de nous.
Et la fin du monde par ci… Et la destruction par là… C'est devenu un fonds de commerce pour beaucoup !

Il faut savoir que nous créons notre futur avec nos pensées. Tout ce que nous pensons avec insistance et application, ou par habitude, finit toujours par arriver.
Il est vrai que la mort est le lot de la matière : tout ce qui est matériel finit par se détériorer et mourir.
D'où le drame de l'être humain contemporain dont la pensée matérialiste est piégée par tout ce qui est voué à la mort.
Il est très mauvais pour la santé de ne penser que de manière matérialiste !
Imaginez que, lorsque vous rencontrez une personne, vous lui projetez également la « mort » ! Ce n'est pas étonnant si vous vous sentez méfiant vis-à-vis d'autrui !
Non seulement c'est mauvais pour l'individu, mais c'est également problématique et destructeur pour la Nature.
Imaginez-vous dans la Nature, devant un beau paysage…
Vous n'êtes pas quelqu'un d'immoral, vous appréciez la Nature, et vous faites même les efforts qui sont recommandés par les écologistes pour la respecter davantage.
Et pourtant, lorsque vous êtes devant ce beau paysage de Nature, qu'est-ce que vous faites ? Vous la détruisez !
C'est dramatique et même terrifiant, car malgré votre bonne volonté, vous détruisez la Nature !

Pourquoi ?
Parce que le regard que vous posez sur la Nature est « mort » !

Qu'est-ce qu'un « regard mort » ?

C'est un regard qui ne voit que ce qui est matériel ! Vous voyez bien le vert de la prairie ou le bleu du ciel, ou les arbres majestueux ou les belles fleurs, et même quelques oiseaux dont vous entendez les chants joyeux… mais, vous ne percevez pas la vie, car vous n'y avez pas été éduqué.
Nous ne cherchons pas à vous culpabiliser… C'est même plutôt dramatique : nous n'avons pas été éduqués pour percevoir la vie ni dans la Nature, ni dans l'être humain.
En effet, lorsque vous êtes devant une personne que vous aimez bien, que percevez-vous d'elle ? Son corps ! Ses vêtements, leurs couleurs, son parfum, la couleur de ses yeux et de ses cheveux, le ton de sa voix, etc. Tout cela est matériel, et donc porteur de forces de mort. Vous ne percevez rien de vivant chez cette personne. Bien évidemment, vous n'êtes pas d'accord avec cela et vous protestez... Alors, que percevez-vous réellement de vivant chez cette personne ?
Rares sont les gens capables de percevoir la vie dans leur propre corps, alors la percevoir chez autrui… c'est encore plus rare ! Pourtant, c'est une faculté commune à tous les humains. Lorsque cette faculté est bien « ouverte », vous devenez également capable de savoir si une personne est bonne pour vous ou non, simplement en étant en sa présence ! Est-ce le cas pour vous ?
Si ce n'est pas le cas, c'est simplement parce que votre pensée matérialiste a « éteint » cette faculté, tout au moins partiellement.
Et si vous ne percevez pas la vie chez autrui, ni chez vous, alors ce sera encore moins le cas dans la Nature.
Vous vous dites que vous voyez les animaux gambader et que cela vous crée de la joie ! Oui, c'est déjà bien, cependant ce n'est pas la vie que vous percevez, mais le mouvement… qui est une conséquence de la vie.

C'est ainsi que fonctionne la pensée matérialiste : elle vous permet d'accéder aux conséquences de la vie et de la réalité, mais pas à la vie elle-même, pas à la réalité elle-même, pas à la Source ! Celle-ci vous reste voilée, inaccessible !
Ainsi, lorsque vous allez vous promener dans la Nature, avec la meilleure volonté du monde (et pas comme les barbares qui vont y pique-niquer, et y jeter leurs mégots et toutes sortes de détritus !), vous n'y percevez que de la matière, et, dans le meilleur des cas, les conséquences de la vie, mais pas la vie elle-même.
De ce fait, vous y projetez la « mort », c'est-à-dire des forces négatives que nous assimilons à la mort, ou des forces destructrices.
Afin d'éviter cela, vous pourriez « simplement » ne plus penser lorsque vous êtes dans la Nature !!! Bon d'accord, c'est impossible, à moins d'avoir vingt ans de méditation derrière soi !

Un remède partiel serait de ne cultiver que de belles pensées pendant le temps où vous êtes dans la Nature : les pensées les plus élevées que vous puissiez concevoir, des pensées de beauté, d'amour, d'espérance, etc. Vous pouvez même les préparer à l'avance. Ce serait un bon moyen de respecter la Nature.
Nous sommes tous interdépendants : entre êtres humains, mais aussi avec la Nature et tous ses êtres ! Ainsi, lorsque vous décidez d'aller vous promener dans la Nature, ce n'est pas pour vous y défouler, mais au contraire pour la respecter davantage, et lui offrir le meilleur de vous-même.
Préparez de belles pensées. Lisez de la poésie inspirée (ou créez-en vous-même !). Jouez de la musique (belle et vraie !). Lisez un ouvrage inspirant...

En résumé : **toutes les belles pensées que vous pouvez générer, tant que vous vous promenez en Nature, sont tel un baume pour les petits êtres qui y vivent et y travaillent.**

Ce n'est pas le but… mais c'est une « première étape ».
Ce qu'elle apporte : elle empêche que vous projetiez des forces de mort dans la Nature, car ces forces contribuent à sa destruction. Eh oui, ce n'est pas seulement le fait d'abattre les arbres qui détruit la Nature !
Ce sont, avant tout, les pensées « mortes » de l'être humain qui génèrent la pollution et causent la destruction de la Nature.
La qualité de nos pensées, et de nos actes qui en découlent, sème soit la vie soit la mort autour de nous. L'ignorer ou le rejeter, par lâcheté ou ignorance, ne diminue en rien le problème !

Comme nous venons de l'esquisser, la « première leçon du Naturosophe » consiste à : penser le vrai, le beau et agir le bien lorsqu'il se trouve dans la Nature (au minimum).
Et comme dirait Marcel, l'incorrigible : « Si la Nature claque, je claque aussi… alors ça motive ! »

Le lecteur motivé se demande alors : « Mais quelle serait la seconde leçon du Naturosophe ? »
Votre question nous réjouit, en voici donc la réponse :
La « seconde leçon du Naturosophe » consiste à cultiver une vision différente de la Nature : une vision « vivante » !
En effet, la première étape permet de limiter au maximum nos pensées « mortes » et de ne plus (ou presque plus) projeter de négativité sur la Nature. Mais, nous demeurons dans une neutralité bienveillante qui ne suffit pas pour la guérir.
Pour aller plus loin, il est heureusement possible de changer sa vision de la Nature, afin de la rendre « vivante ».
Puisque notre pensée matérialiste est « morte », puisqu'elle ne perçoit que la matière dépourvue de vie, il nous faut la rendre vivante.
Nous avons créé une nouvelle forme de méditation : nous l'appelons la « **méditation créatrice** », et elle a justement pour particularité de rendre la pensée « vivante ».

Comment?
Cette méditation avec pensée vivante, se pratique non pas dans le corps physique, comme pour les autres formes de méditations, mais dans le corps éthérique, ou corps de la vie.
Eh oui, la bonne nouvelle est que l'être humain dispose d'un corps éthérique ou corps de la vie! Heureusement, d'ailleurs, sinon il ne pourrait pas être en vie!
En effet, ce n'est pas notre corps physique qui est vivant: celui-ci est trop complexe et trop dense pour être directement « vivant ». C'est un deuxième corps, le corps éthérique, qui lui apporte la vie. Cette vie circule dans le corps éthérique, étroitement imbriqué au corps physique, et ce dernier est abreuvé de cette énergie quadruple (rappelez-vous les quatre éthers: chaleur, lumière son ou chimique et vie) qu'est le corps de la vie.
Lorsqu'un individu meurt, cela signifie simplement que son corps éthérique, porteur de la vie, s'est détaché de son corps physique, et l'a abandonné. Sans son « complice » éthérique, le corps physique est incapable de maîtriser l'ensemble de ses multiples processus: alors, il s'effondre et entre en décomposition.
La méditation dans le corps éthérique permet à nos pensées de s'abreuver directement dans l'océan de la vie qu'est notre corps éthérique, relié lui-même au grand océan de l'éther cosmique.
Ceci permet aux pensées de devenir vivantes. Et lorsque de telles pensées vivantes et rayonnantes sont projetées autour de nous (et porteuses de sujets élevés et spirituels), ces pensées apportent la vie... au lieu de la mort.
La meilleure solution est donc la pratique de la méditation créatrice qui nous apprend à transformer notre pensée: d'émettrice de forces de « mort », elle devient rayonnante de forces de vie!
Sachez également que cette nouvelle forme de pensée permet de cultiver la clairvoyance solaire ou clairvoyance du futur (très différente de celle du passé qui était lunaire... et qui est encore pratiquée par la quasi-totalité des gens qui se disent « clairvoyants » ou « médiums »!).

Et la clairvoyance solaire permet, notamment, de rencontrer les êtres de la Nature, en d'autres termes de les « voir » réellement, dans leur univers habituel, invisible aux yeux de chair.

Toutefois, imaginons que vous ne connaissez pas la méthode de méditation de l'auteur et, qu'en attendant de la connaître et de la pratiquer, vous aimeriez tout de même apporter ou offrir quelque chose de bien à la Nature. Comment devriez-vous vous y prendre (en dehors des belles pensées à cultiver que nous avons vues pour la première étape) ?

De quelle manière votre vision devrait-elle changer ?

Vous ne voulez pas vous contenter de « penser mieux », comme nous l'avons vu plus haut, mais plutôt transformer votre vision de la Nature, afin qu'elle devienne la plus « vivante » possible.

Voici comment procéder :
Le problème majeur de la vision matérialiste est que nous ne voyons que la matière, c'est-à-dire ce qui est visible et dépourvu de vie (donc : « mort » !).

Dans un premier temps, le remède est d'étudier ce qu'est vraiment la Nature (ce chapitre, et l'ensemble de cet ouvrage, peuvent vous y aider), afin de vous en créer intérieurement une idée plus riche et plus profonde que ce que vous connaissiez jusqu'à présent.
Réalisez cette étude avec enthousiasme, car elle vous permettra d'aller à la rencontre de la Nature, dans toute sa dimension vivante et spirituelle : c'est un beau cadeau que vous vous faites ! La joie est essentielle pour aller à la rencontre de la Nature !

Dans un deuxième temps, après avoir étudié le fonctionnement de la Nature, avec ses différents mondes et sa multitude d'êtres, vous pouvez retourner dans un paysage de Nature, en étant doté d'un nouvel état d'esprit : votre but est de vous rappeler ce que vous avez

étudié, afin de ne surtout pas voir la Nature de manière strictement matérielle. Vous vous remémorez que la Nature est emplie d'êtres qui sont au travail pour créer les saisons et tout ce que vous pouvez admirer au printemps et en été.
Ici, le but n'est pas forcément de rencontrer concrètement les êtres de la Nature ou de les voir, mais simplement de « savoir » et être persuadé au fond de vous-même qu'ils existent et sont présents autour de vous.

Ainsi, lorsque vous êtes dans un paysage de Nature, vous vous recueillez quelque peu, puis vous marchez lentement, et vous pensez à tous ces êtres dont vous connaissez maintenant l'existence...
Et vous pouvez les remercier pour leur travail, leur exprimer votre gratitude (à voix haute ou basse) : à chaque fois que vous voyez quelque chose que vous trouvez beau, vous remerciez les êtres qui ont permis cela par leur activité au-delà du voile des apparences.
L'important n'est pas de voir absolument les êtres, mais de demeurer conscient de leur existence, de leur présence, en demeurant tranquille, ouvert, en paix, dans l'accueil et la gratitude.
En vous comportant ainsi, vos facultés pour distinguer la réalité de la Nature vont s'améliorer, petit à petit. Au début, il est probable que vous ressentirez de mieux en mieux la présence d'êtres ou de courants énergétiques autour de vous, lorsque vous marcherez tranquillement dans la Nature, ou lorsque vous vous assoirez quelque part, vous ouvrant à la réalité de la Nature.
Et peu importe les résultats personnels que vous obtiendrez... **L'essentiel est surtout d'apprendre à développer une nouvelle vision de la Nature : celle d'une Nature « en vie », emplie d'êtres qui y travaillent pour le plus grand bien de tous.** C'est ainsi que vous projetterez des pensées vivantes et régénératrices sur la Nature... et que vous « capterez » en retour des forces de vie et de guérison.

La constitution occulte de la Nature

La Nature est constituée par différents mondes, dans lesquels vivent les êtres humains et de nombreux autres êtres.
Étant donné que cet ouvrage a pour but une meilleure connaissance de la Nature, afin de mettre en pratique des méthodes pour la guérir et la rédempter, nous ne développerons que les aspects de ce vaste enseignement qui la concerne directement… ainsi que les êtres humains.

Commençons par ce qui est le plus directement accessible à chacun : nous vivons sur la Terre que nous percevons en tant que monde physique perceptible par nos sens.
Retenez ceci : **ne voir que le plan physique, ne signifie pas qu'il n'existe aucune autre dimension à la réalité !**
Nos sens ont fonctionné différemment dans un lointain passé, et ils fonctionneront également de manière différente dans un lointain futur. Dans un lointain passé, l'humain était capable de voir des dimensions aujourd'hui invisibles… et dans le futur, l'être humain percevra de nouveau des mondes qui, de nos jours, lui échappent encore (sauf exceptions).

Le monde que nous percevons est appelé le monde physique.
Il est composé de sept strates ou sept niveaux, dont seule la moitié est accessible à nos sens : il s'agit du monde physique sensible ou matériel. La partie invisible du monde physique est appelée : monde physique subtil ou monde éthérique.
Le monde physique matériel est constitué des niveaux solide, liquide et gazeux. Quant au niveau calorique, il se trouve « mélangé » au premier niveau du physique subtil ou éthérique.
Nous avons donc quatre strates éthériques qui sont : les niveaux de la chaleur (mélangé à l'état calorique), de la lumière, du son ou chimique, et de la vie. Ce sont les quatre substances dont les éléments (feu, air, eau et terre) sont, en quelque sorte, les manifestations physiques. (Nous l'avons déjà vu plus haut.)

Généralement, nous ne percevons la Nature que dans son aspect physique matériel. Nous ne voyons pas son aspect éthérique ou physique subtil.
C'est pourtant ce monde éthérique qui est celui du « vivant ». En effet, lorsque l'on parle de la vie, c'est à ce monde que l'on fait référence, sans le savoir, dans la plupart des cas.
L'être humain dispose d'un corps vital ou éthérique qui abreuve son corps physique de vie (qui le maintient en vie).
Quant à la source de la vie : c'est le Soleil, dont le cœur est une puissante centrale d'éther de vie !
Et, tout comme l'être humain, la Nature dispose d'un corps éthérique, qui est la vie même de notre planète. Ce corps éthérique de la Terre, nous l'appelons également le « manteau éthérique » de la Terre ou de la Nature.
Ce manteau éthérique est celui de la Déesse Natura ou Mère Nature (que nous vous présenterons plus conséquemment au prochain chapitre), et il est constitué de milliards de petits êtres.
Ces êtres de la Nature, ou élémentaux, représentent véritablement la vie de la planète, c'est-à-dire les Forces de la Nature.
Nous avons déjà vu qu'il en existe quatre principales catégories (gnomes, ondines, sylphes et pyraustas), mais que beaucoup d'autres se situent à mi-chemin ou au croisement de deux énergies éthériques.

En résumé : L'ensemble du monde éthérique ou manteau éthérique de la planète est constitué de milliards d'êtres qui s'occupent de toutes les tâches permettant la vie dans la Nature. Vous pouvez envisager que ce manteau éthérique de la Terre dispose d'un rayon d'action d'environ cent cinquante kilomètres autour de la planète. Notez également que le corps éthérique de la Terre est en analogie avec l'élément eau. Et comme la vie domine sur la planète, c'est la raison pour laquelle c'est l'élément eau qui est le plus représenté sur notre planète bleue.

Ensuite, il existe un monde supérieur au monde physique : il est appelé le monde astral.
En ce qui concerne l'être humain, c'est dans ce monde astral qu'il se promène pendant la nuit pour se régénérer. C'est le monde des désirs, émotions, sentiments, sensations, de tout ce que l'humain peut vivre à l'intérieur de lui-même, et aussi ce qui en résulte dans ses relations.
En ce qui concerne la Nature, nous y trouvons une dimension plus élevée, avec des êtres ayant une grande responsabilité sur son développement.
C'est à ce niveau – celui du monde astral qui comprend également sept strates ou couches – que l'on rencontre des êtres de la Nature et également des entités spirituelles qui représentent les Lois de la Nature.
Il ne faudrait pas croire que les Lois de la Nature soient des forces abstraites, ou pire, des processus mécaniques et automatiques. Rien de cela n'existe dans la Nature.
Tout ce qui se produit sur la planète est dû à l'action de certains êtres. Et les Lois de la Nature, ce sont aussi des êtres, mais beaucoup plus évolués que les êtres des éléments précédemment abordés.

Généralement, nous trouvons, au plan astral (ou œuf astral entourant la planète) des êtres du deuxième niveau, comme, par exemple : des nymphes de forêts ou de grands lacs ou de sources sacrées ; des êtres du sommet de montagnes sacrées ou d'autres gardiens de lieux disposant d'une énergie tellurique considérable ; des êtres qui dirigent des groupes d'élémentaux, parfois toute une région ; un Ange du paysage modelant une région avec l'aide de millions de petits êtres de la Nature ; des esprits des cycles et des rythmes s'occupant des saisons ou des mouvements de la Terre (sa révolution sur elle-même, par exemple)… et de multiples autres entités.
Dans la plupart des cas, ces êtres disposent d'un esprit, car ils ont beaucoup « grandi » ou évolué : certains sont encore des êtres de la Nature, mais parmi les plus évolués, et d'autres sont davantage des Anges œuvrant à certaines tâches dans la Nature. Bien évidemment, les Anges sont des êtres plus avancés que l'humain, et ils disposent

donc d'un esprit individuel.
Tout cet ensemble d'êtres et d'entités du niveau astral peut être appelé : « l'âme ou la psyché de la Terre ».

En résumé : Tout comme nous avons le manteau éthérique de la Nature qui représente l'aspect vie de la planète, nous avons l'œuf astral qui entoure la Terre sur une grande distance, avec un rayon équivalent à la distance au Soleil, soit en moyenne cent cinquante millions de kilomètres !
Cet œuf astral est formé par tous les êtres de deuxième niveau, et les entités qui s'occupent des Lois de la Nature : ce sont les « chefs » qui dirigent les saisons et tout ce qui se déroule sur la Terre (météo, mouvements de la planète, etc.).
Rappelez-vous : rien n'est mécanique, tout ce qui se passe sur la Terre est généré par des êtres !
Retenez également que vous avez, en quelque sorte, deux catégories d'êtres dans cet œuf astral : les êtres de la Nature les plus évolués, et les entités angéliques, comme les Anges Gardiens de l'être humain, par exemple, mais qui ont suivi une autre voie en choisissant de s'occuper de la Nature (créer des paysages, etc.).

Enfin, le troisième monde, encore plus élevé que le monde astral, est le plan mental, qui est le niveau des pensées, des idéaux et des esprits. Nous arrivons ici au sommet des mondes appartenant à la Nature. C'est le monde où vit l'esprit individuel humain, le « Je », mais où vivent aussi les entités directrices de la Nature.
Nous y rencontrons le troisième niveau des entités s'occupant de la Nature, à savoir ceux que nous appelons les rois et reines des éléments. Les esprits des éléments veillent sur la planète entière, depuis le plan mental, et ils sont de puissants alliés et collaborateurs de la Déesse Natura ou Mère Nature.
Nous y trouvons également les entités du quatrième niveau, qui

veillent sur le bon déroulement des saisons, mais aussi sur l'être humain (comme nous l'avons déjà vu), et qui sont les quatre Archanges : Michaël, Gabriel, Raphaël et Uriel.
Ces quatre entités spirituelles travaillent aussi de manière connectée avec Dame Natura, et notamment l'Archange Uriel, qui est missionné afin d'être l'Archange de La Terre (toute planète a son Archange protecteur).

Enfin, au sommet de cette hiérarchie de la Nature, et donc de la planète, se situe la Déesse Natura ou Mère Nature, qui est une entité spirituelle de la catégorie des Archées (un degré supérieur aux Archanges), qui dirige l'ensemble de tout ce qui se déroule au sein de la Nature… puisque, finalement, la Nature c'est Elle !
Comme nous le voyons sur la couverture de notre ouvrage, (œuvre de Lucidaëlle), la Déesse Natura semble « jouer » avec les multiples forces du vivant de la planète entière.
Dame Natura, avec ses aides du plan mental, représente ce que nous appelons : « le Sens ou le But de la Nature ».

En résumé : Au plus haut niveau, le plan mental, nous trouvons les entités les plus élevées qui œuvrent au sein de la Nature : des êtres archangéliques, ainsi que Mère Nature elle-même.
Le rayonnement mental de notre planète peut être expansé jusqu'au zodiaque, c'est-à-dire qu'il englobe tout le système solaire.
Vous en saurez davantage sur Dame Natura au chapitre suivant, où nous verrons ses origines, ainsi que sa nouvelle mission… et certains de ses inspirateurs ou inspiratrices !

Quelques règles à respecter... par respect envers Dame Nature

Nous vous proposons un mode d'emploi basique pour entrer en relation, de manière correcte, avec les êtres de la Nature : une sorte de manuel du parfait « naturosophe » en dix leçons ! Nous verrons, au chapitre suivant, des exercices pour aller plus loin.

1) ***Croyez à l'existence des êtres de la Nature!*** Ceci paraît évident, cependant il ne s'agit pas seulement d'une simple croyance intellectuelle, mais plutôt d'une connaissance reposant sur l'étude et la foi (l'étude de cet ouvrage peut vous y aider). Sachez que croire en eux les renforce, leur apporte de l'énergie pour accomplir leur tâche.

2) ***Soyez enthousiaste!*** Les êtres de la Nature fuient les humains déprimés qui passent leur temps à se plaindre de leur sort. En revanche, ils sont attirés par celles et ceux qui éprouvent de la joie au contact de la Nature, et qui sont émerveillés par les processus et les êtres qu'ils découvrent. Bien évidemment, soyez sincères : ne faites pas semblant, ils s'en apercevraient immédiatement !

3) ***Entrez en résonance avec la Nature...*** Allez régulièrement en Nature et trouvez de beaux lieux pour vous y ressourcer et vous y purifier. Mettez en pratique votre nouvelle vision de la Nature. Générez le contact avec la Nature et soyez à l'écoute de ses besoins. Elle vous apporte la possibilité d'absorber ce qui est impur en vous et elle recharge vos « batteries » (cf. exercices du chapitre suivant). Et vous, que pouvez-vous faire pour elle ?

4) ***Appréciez la beauté de la Nature...*** N'oubliez pas qu'elle n'est pas que physique. Remerciez pour cette beauté que les

êtres de la Nature vous offrent. Lorsque vous le faites, les petits êtres s'approchent de vous. Si vous contemplez une fleur avec cet état d'esprit, elle s'ouvre et vous pouvez remercier l'elfe de cette fleur.

5) *Coopérez avec la Nature!* Faites des efforts concrets pour vous relier à la Nature : nourrissez des oiseaux, plantez des arbres ou des plantes. Occupez-vous d'un jardin, faites pousser des fleurs. Chantez ou jouez de la musique dans la Nature.

6) *Donnez de vous-même!* Concentrez-vous et envoyez de l'énergie aux êtres de la Nature, depuis votre cœur et à travers vos mains (aux arbres, aux fleurs, aux fleuves et lacs, aux montagnes, etc.) Ceci aide les êtres des éléments et soutient leur action. Faites-le avec joie et gratitude. Bien sûr, vous pouvez répandre des Vertus dans la Nature ou les fruits de toute sorte de créativité.

7) *Partagez vos expériences avec autrui!* Témoignez de vos expériences dans la Nature et avec le « petit peuple ». Faites-le avec un état d'esprit fraternel : donnez envie à vos amis de voir la Nature différemment. Montrez-leur comment respecter la Nature et lui exprimer votre gratitude. La Nature a besoin d'amis ! Soyons à son écoute plutôt que de la piller… Faites-le comprendre à vos proches.

8) *Faites preuve d'innocence...* Afin de mieux entrer en relation avec la Nature, il vous faut apprendre à être plus calme et plus souple d'esprit, en laissant de côté vos soucis, votre organisation, votre emploi du temps, en bref, votre tête qui met tout en case ! Lâchez prise, entrez dans une dimension plus douce et innocente de votre être (votre cœur d'enfant).

9) ***Rendez-vous disponible!*** Chaque jour, réservez-vous du temps pour ne rien faire. Soyez simplement disponible pour la magie, la surprise ou l'inspiration. Et, réservez du temps pour méditer, étudier, entrer en relation avec le monde spirituel… et la Nature, qui est partout...

10) ***Ouvrez-vous à la rencontre...*** Lorsque vous vous sentez prêt, choisissez un endroit en pleine nature, où vous serez tranquille, et où vous vous sentez bien, en paix. Fermez les yeux et entrez dans votre cœur éthérique qui vous donne accès au manteau éthérique de la Terre. Ensuite, demandez à rencontrer un être élémentaire qui souhaiterait partager avec vous…

La suite… c'est au prochain chapitre…

Chapitre 5

Naturosophie 2

La Déesse Natura et le Nouveau Monde

Nous allons, au cours de ce chapitre, explorer les dimensions les plus occultes du fonctionnement de la Nature et de la Terre. Vous aurez l'occasion de « rencontrer » celle qui est la chef d'orchestre de la Nature, Mère Nature elle-même : l'entité spirituelle que nous appelons la Déesse Natura ou Dame Natura, et que vous pouvez voir sur la couverture de cet ouvrage, peinte par Lucidaëlle, qui l'a également rencontrée. Avant cette rencontre, nous voulons vous donner quelques indications sur la respiration de la Terre.

La respiration de la Terre

Bien que nous ne puissions pas détailler tout ce qui concerne l'être réel de la planète Terre, il nous semble essentiel d'en comprendre quelques aspects.

La Terre est le corps d'un être « macrocosmique ».
L'humain est un être microcosmique, tout comme les Anges ou les Archanges et même la Déesse Natura.
En revanche, il existe de grands êtres qui sont macrocosmiques, comme ceux dont le corps est une planète ou une étoile.
Les êtres macrocosmiques évoluent, ainsi que tous les êtres existant dans l'univers.
Tout d'abord, un être macrocosmique apprend à devenir une planète. Puis, lorsque son évolution en tant que planète est accomplie, il devient une étoile, un soleil.
Ensuite, lorsque son évolution en tant qu'étoile est achevée, il devient un zodiaque, ou si vous préférez un grand ensemble d'étoiles, réunies en constellations.
Enfin, pour parachever cette évolution, ce grand esprit macrocosmique zodiaque devient une galaxie, à savoir un ensemble de zodiaques !
Bien sûr, il est difficile de mesurer, à l'échelle humaine, ce que peut être la vie d'une entité macrocosmique !
Ce qui est certain, c'est qu'elle est vivante et qu'elle évolue…
Nous appelons l'être macrocosmique d'une planète majeure, comme l'est la Terre pour notre système solaire évolutif, un Esprit Saint.
Pour notre Terre, le nom généralement donné à cet être macrocosmique est : l'Esprit Saint Gaïa.
Il ne faut donc pas confondre l'être macrocosmique Gaïa avec l'être microcosmique Natura : Gaïa est la Terre elle-même, tandis que la Déesse Natura est l'entité spirituelle qui s'occupe de tous les niveaux de la Nature terrestre…
Toutefois, Mère Nature n'est pas la Terre elle-même.

La Terre Gaïa respire.
Si vous pouvez imaginer l'ensemble du travail réalisé sur la planète par la Déesse Natura et ses milliards d'assistants sous l'aspect d'une aura qui se déploie ou se replie, alors vous allez mieux comprendre ce qui suit.

Tout comme un être humain respire, en alternant expiration et inspiration, la Terre respire également… mais beaucoup plus lentement qu'un humain.
De même, chaque jour, l'homme expérimente, subconsciemment, une sorte de respiration jour/nuit. Durant le jour, il habite son corps physique, et pendant la nuit, il quitte son corps physique (ainsi que l'éthérique), et il parcourt le monde spirituel dans ses corps astral et mental.
La Terre, en tant qu'être macrocosmique, vit le même principe, mais en plus lent, sur l'ensemble de l'année.

Nous vous proposons de suivre une respiration de la Terre qui se répartit sur l'ensemble de l'année :
Au moment de Noël, juste après le solstice d'hiver, la Terre est au maximum de son inspiration, comme un être humain qui a inspiré profondément l'air dans ses poumons. À ce moment-là, nous pouvons nous dire que, par analogie, la Terre retient en elle toutes ses richesses qu'elle semble mûrir.
Nous pourrions dire également que la période des Nuits Saintes, qui suit Noël, est semblable à une période où l'être humain retiendrait son souffle, pour effectuer un certain travail intérieur, en rétention d'air.
Ensuite, à partir de début janvier, la Terre commence à expirer. Bien évidemment, son expiration va durer des mois !
En même temps, son aura qui était repliée au maximum sur elle-même au temps de Noël, commence à se déployer dans l'espace alentour, au fur et à mesure qu'elle expire.
La Terre est à mi-chemin de son expiration au temps de Pâques, lorsque son aura se mêle à celle du Soleil !
Enfin, c'est au temps de la fête de la St-Jean et de la fête d'Uriel (vers la fin juin), juste à la suite du solstice d'été (le 21 juin), que la Terre achève son expiration. À cette période de l'année, la Terre a complètement répandu son aura dans tout le système solaire, jusqu'au zodiaque ! Elle est complètement abandonnée, et elle s'abreuve de toutes les richesses du cosmos !

Ensuite, durant la seconde moitié de l'année, la Terre va inspirer. Tout au long de l'été, elle va replier son aura, lentement mais sûrement, drainant des hauteurs toutes sortes de bienfaits.
Vers la fin septembre, à la fête de Michaël, la Terre est à mi-chemin de son processus d'inspiration. Son aura se replie, mais elle rencontre des forces obscures qui doivent être combattues, afin de ne pas perdre le bénéfice de son voyage cosmique. D'où le fait que Michaël combatte le dragon à l'automne… comme l'être humain (nous verrons cela au chapitre 6, sur l'automne).
Enfin, l'aura de la Terre se replie complètement au début de l'hiver, et l'inspiration prend fin vers le solstice d'hiver (le 21 décembre).

Et, pour obtenir une vision exacte de cette respiration de la Terre, nous devons ajouter que : **depuis deux mille ans, le Christ, Dieu le Fils, S'est uni à la Terre/Gaïa, dont Il est devenu l'Esprit. Ainsi, l'impulsion christique ou l'aura christique s'associe à celle de la respiration de la Terre**. Nous le préciserons lors des quatre prochains chapitres.

Il est possible de suivre l'expansion (ou expiration) et la contraction (ou inspiration) de l'aura de la Terre tout au long de l'année.
Ceci était connu des civilisations qui nous ont précédés, et dont les sages avaient institué des fêtes à des moments stratégiques, en lien avec les dieux et les déesses.
En effet, quand on sait que la Terre expanse son aura dans le cosmos environnant, de janvier à juin, puis qu'elle se contracte de juillet à décembre, il devient possible de situer, à n'importe quel moment de l'année, où elle se situe précisément.
Cela signifie que l'aura de la Terre « traverse » diverses « zones » dans le cosmos spirituel, qui correspondent à des sphères de conscience du monde spirituel, et dont les planètes physiques ne sont que les noyaux durs (ou les corps physiques de mondes subtils et invisibles, dans lesquels nous nous rendons la nuit pendant notre sommeil, et en tant que purs esprits, après la mort de notre corps physique).

Voici les différentes « strates » ou « régions » spirituelles que l'aura de la Terre traverse au cours des six premiers mois de l'année :

- La Lune
- Mercure
- Vénus
- Le Soleil
- Mars
- Jupiter
- Saturne
- Le Zodiaque

Ceci correspond à sa « montée » dans les mondes spirituels et à son expiration (et l'expansion de son aura ou « atmosphère » psycho-spirituelle).

Dans les six mois suivants, l'aura de la Terre franchit ces mêmes étapes dans l'autre sens, celui de la « descente » (ou contraction de son aura).

Sachant que la Terre expanse son aura et la contracte d'une manière assez régulière, nous savons qu'elle passe donc autant de temps dans chaque sphère ou monde spirituel, sauf pour celle du Soleil, qui est une étoile, et qui est, en quelque sorte, trois fois plus vaste.

Ceci nous donne le calendrier suivant :

- De fin décembre à la mi-janvier : la Lune
- Du 16 janvier au 5 février : Mercure
- Du 5 février au 25 février : Vénus
- Du 25 février au 25 avril : le Soleil
- Du 25 avril au 15 mai : Mars
- Du 15 mai au 4 juin : Jupiter
- Du 4 au 24 juin : Saturne
- Zodiaque • semaine zodiacale (du 24 au 30 juin)
- De fin juin à la mi-juillet : Saturne
- Du 15 juillet au 4 août : Jupiter
- Du 4 au 24 août : Mars

Expiration / Expansion de l'Aura de la Terre

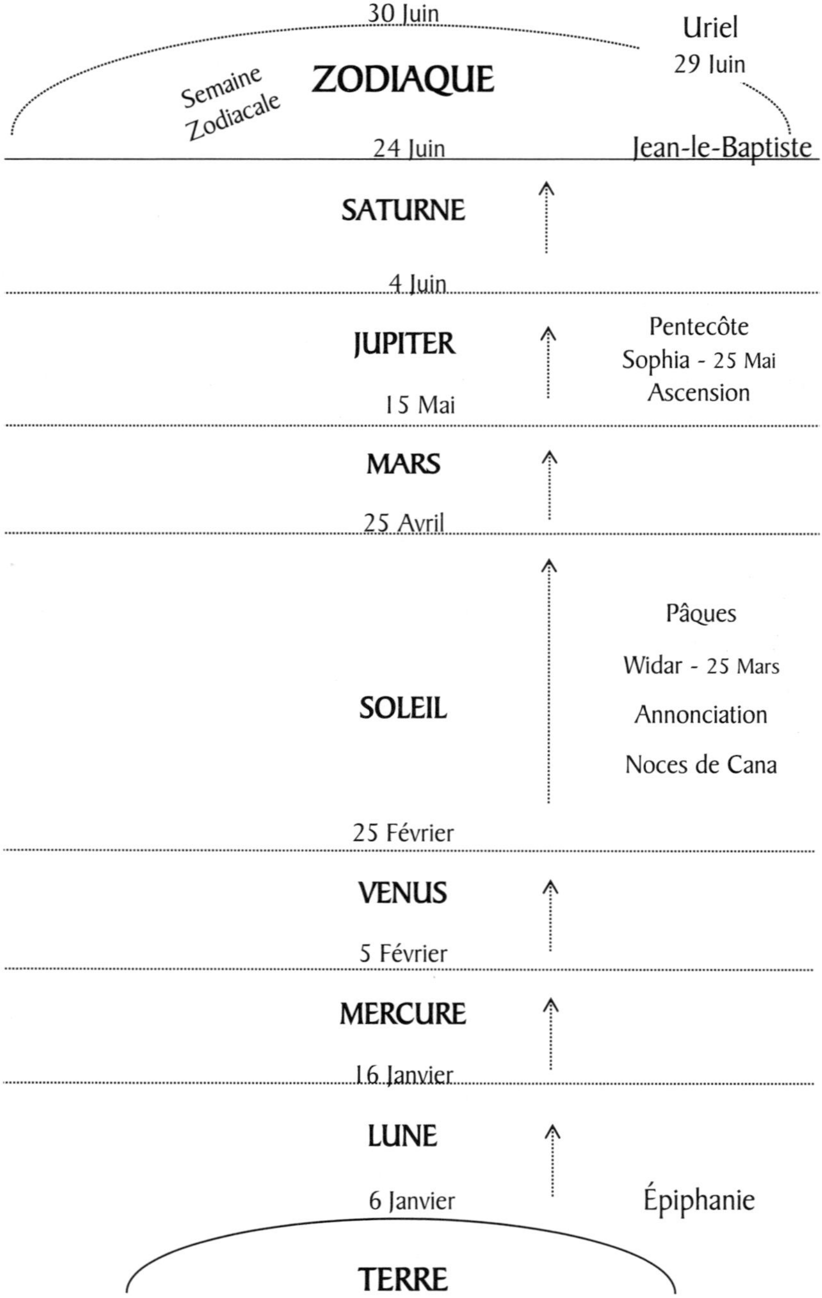

Inspiration / Contraction de l'Aura de la Terre

30 Juin

ZODIAQUE

1er Juillet

SATURNE

15 Juillet

JUPITER

4 Août

MARS

Perséïdes
10-14 Août

24 Août

SOLEIL

Michaël
29 Septembre

Anges
2 Octobre

24 Octobre

VENUS

13 Novembre

MERCURE

3 Décembre

LUNE

Noël
25 Décembre

24 Décembre

Marie
1er Janvier

« Douze Nuits Saintes »
Épiphanie

TERRE

- Du 24 août au 24 octobre : le Soleil
- Du 24 octobre au 13 novembre : Vénus
- Du 13 novembre au 3 décembre : Mercure
- Du 3 au 24 décembre : la Lune
- Les Nuits Saintes (25 décembre au 5 janvier)

Nous reviendrons sur ces éléments de connaissance au cours des quatre prochains chapitres.
Nous pensons que le lecteur a saisi que la connaissance du fonctionnement de la Nature est vaste et complexe, et, qu'en conséquence, nous préférons la lui donner petit à petit, afin qu'il l'intègre plus aisément.

Rencontre avec la Nature

Maintenant, il est temps de familiariser le lecteur avec quelques exercices qui l'aideront à appréhender la Nature dans les meilleures conditions. En effet, après avoir cultivé l'état d'esprit adéquat, selon le niveau de son choix, pour s'ouvrir à une nouvelle vision de la Nature, le lecteur est prêt à effectuer un « travail » au sein même de la Nature. Nous lui proposons ci-après des exercices de base pour se préparer à communier avec la Nature.
Ensuite, il découvrira un exercice pour faciliter d'éventuelles rencontres avec des êtres de la Nature (au chapitre suivant).
Bien évidemment, ce n'est pas fortuit si nous avons suivi un tel ordre : connaître la Nature et son fonctionnement, puis se créer une nouvelle vision d'elle, et ensuite seulement s'exercer au sein de la Nature, pour finalement rencontrer (peut-être) certains des élémentaux qui y œuvrent.
Nous avons déjà vu l'importance de se connecter à la Terre et de pratiquer l'exercice de l'ancrage (exercice 1).
Nous considérons cet exercice comme le premier à pratiquer lorsque vous arrivez dans un lieu de Nature.

Ensuite, nous vous en proposons trois autres à effectuer dans l'ordre où nous vous les donnons ci-dessous :

Exercice 2 : Se décharger dans la Terre

Sa pratique : cet exercice à vivre debout peut être pratiqué avec des chaussures, mais il sera plus efficace pieds nus. Bien sûr, il est indispensable de le vivre en pleine nature, ou tout au moins dans un coin de jardin (mais, pas dans votre appartement au quinzième étage, car ce serait un non-sens !). Il peut être pratiqué également tout seul. À vous de voir ce dont vous avez le plus besoin.

Son but : vous décharger, vous libérer de toute énergie négative que vous avez pu « ramasser » dans toutes sortes de conditions (stress, pollutions diverses, trop plein émotionnel ou mental, etc.).

Variante : vous pouvez également le pratiquer assis, avec les pieds nus et les mains posés sur le sol.

Notez : vous avez compris qu'il se pratique exactement dans la même position que l'ancrage à la Terre. Vous pouvez donc le faire à la suite, si vous le souhaitez.

Dans notre vie, que ce soit au travail ou à la maison, notre corps ramasse constamment des énergies qui le polluent et l'affaiblissent, interagissant avec nos pensées et nos émotions (*electrosmog* ou pollution électromagnétique, notamment).
Il pourrait suffire, à chaque occasion, de mettre vos mains sur la Terre, en pensant quelques instants que vous chassez toute impureté ou pollution de votre corps (ou même ne penser à rien... mais ce n'est pas si simple !).

Processus : Après vous être mis pieds nus sur la Terre, relaxez-vous quelques instants... respirez tranquillement et chassez de votre esprit vos soucis quotidiens.
Il existe trois sortes d'énergies qui peuvent être nocives ou polluées en l'être humain : 1) Mentale. 2) Émotionnelle ou sentimentale. 3) Instinctive ou volontaire. La première se situe au niveau de la tête (causant les maux de tête, par exemple). La seconde se situe au niveau de la poitrine et du ventre (causant émotions négatives, oppression dans la poitrine, par exemple). La troisième se situe dans le bas-ventre et les membres (causant des maux de ventre et des crampes dans les membres, par exemple).
Ainsi, nous vous proposons de vous concentrer tout d'abord sur votre tête, en imaginant des filaments grisâtres, symbolisant ce dont vous voulez vous débarrasser, et de les faire glisser tout le long de votre corps, jusque dans vos jambes et en dessous de vos pieds. Lorsque ces filaments grisâtres sont arrivés en dessous de vos pieds, vous demandez à la Terre de les absorber, et vous la remerciez.
Puis, vous vous concentrez sur votre poitrine et le haut de votre ventre, et vous imaginez de nouveau des filaments grisâtres dans ces zones, et vous les entraînez par la pensée vers le bas de votre corps, jusque sous vos pieds, pour les confier à la Terre, en la remerciant.
Enfin, vous faites de même avec la zone de votre bas-ventre et vos membres. Vous visualisez des filaments grisâtres que vous entraînez vers le bas de votre corps, jusque sous vos pieds, et vous les confiez à la Terre, en la remerciant.

Une fois que vous avez réalisé ce processus une première fois et en entier, ressentez comment vous êtes à l'intérieur de vous.
L'idéal est de réaliser le processus en entier au moins trois fois, voire sept fois, si vous le jugez nécessaire.
Ici aussi, la durée de l'exercice importe peu, de même que le nombre de fois où vous le pratiquez. Ce qui est essentiel est que cet exercice vous allège, et qu'il

vous aide à ressentir une meilleure circulation de l'énergie en vous.
Comme le précédent, ce n'est pas un exercice « magique » ou miraculeux. Il est naturel et renforce le lien à la Terre et l'équilibrage intérieur, vous apportant bien être et tranquillité.

Une fois que vous avez pratiqué cet exercice, vous pouvez remettre vos chaussures et marcher un peu, afin de laisser votre corps profiter au maximum de ces expériences, avant de recommencer toute autre activité.
Ou vous pouvez pratiquer l'un des deux exercices suivants (ou les deux).

Exercice 3 : Se recharger à un arbre

Sa pratique : cet exercice à vivre debout peut être pratiqué avec des chaussures, mais il sera plus efficace pieds nus. Bien sûr, il est indispensable de le vivre en pleine nature, puisqu'il nécessite la présence d'un arbre. La première chose à faire consiste donc à trouver un arbre : un arbre puissant (pas un arbre mort !). Ensuite, vous vous adossez à cet arbre, avec les mains posées dessus.
Il peut être pratiqué également tout seul.
À vous de décider ce dont vous avez le plus besoin.

Son but : recharger vos « batteries » (ce sont vos reins), afin de vous sentir en pleine forme.
Variante : vous pouvez également le pratiquer assis sur une grosse racine apparente de l'arbre, avec les pieds nus et les mains posées directement sur l'arbre.

Notez : vous avez compris qu'il se pratique exactement dans la même position que l'ancrage à la Terre. Vous pouvez donc le faire à la suite, si vous le souhaitez.

Processus : Après vous être mis pieds nus sur la Terre, relaxez-vous quelques instants... respirez tranquillement et chassez de votre esprit vos soucis quotidiens. Approchez-vous délicatement de l'arbre que vous avez choisi (un chêne, par exemple). Adressez une courte prière à l'être de l'arbre (on les appelle des dryades, ou hamadryades), et demandez-lui de bien vouloir vous céder un peu de son énergie. Puis, adossez-vous à l'arbre, avec vos mains derrière le dos, les paumes directement posées sur l'arbre. Demeurez bien relaxé, et ouvrez-vous à la force de l'arbre. Ressentez-la qui entre en vous par vos pieds, par vos mains, et qui abreuve vos reins, regonflant vos « batteries » ! Restez bien concentré sur cette « recharge » en énergie, tout en restant bien détendu. Restez en place le temps dont vous avez besoin pour vous sentir bien rechargé.
Enfin, remerciez le génie de l'arbre (ou dryade) avant de le quitter.
Vous pouvez marcher tranquillement dans la forêt, car la marche aide aussi à recharger les reins, en cas de grande fatigue.

Vous pouvez ensuite passer à autre chose... ou continuer dans le même registre avec l'exercice suivant...

Exercice 4 : Se régénérer aux Forces de Vie

Sa pratique : cet exercice à vivre debout peut être pratiqué avec des chaussures. Bien sûr, il est indispensable de le vivre en pleine nature, puisqu'il nécessite la présence d'une vaste étendue (lac, panorama d'un point de vue sur la Nature, fleuve, mer, montagne, etc.). La première chose à faire consiste donc à trouver un lieu qui vous inspire et vous paraît dégager une grande puissance.
Il demande un peu plus d'aptitudes que les précédents. Il peut être pratiqué également tout seul.
À vous de décider ce dont vous avez le plus besoin.

Son but : recharger vos « batteries » (ce sont vos reins), afin de vous sentir en pleine forme, mais d'une manière différente du précédent exercice.

Variantes : vous pouvez le pratiquer au bord d'un lac (non pollué, bien sûr !), ou de la mer ; face à une grande étendue de Nature ; en hauteur, comme en montagne, par exemple, etc.

Notez : vous avez compris qu'il se pratique exactement dans la même position que l'ancrage à la Terre. Vous pouvez donc le faire à la suite, si vous le souhaitez.

Processus : Après avoir marché tranquillement dans un espace naturel, relaxez-vous quelques instants... respirez tranquillement et chassez de votre esprit vos soucis quotidiens. Choisissez un endroit qui vous inspire et où vous avez un beau point de vue sur la Nature.
Vous vous souvenez que cet espace de Nature qui se trouve en face de vous est empli d'êtres qui sont de véritables forces de vie.
Alors, imaginez que vous inspirez ces forces de vie et qu'elles vous rechargent.
Respirez profondément, et sur l'inspiration ouvrez les bras lentement et imaginez que vous inspirez des forces de vie qui pénètrent en vous pour vous régénérer.
Et sur l'expiration, relâchez vos bras et imaginez que vous vous videz de tout ce qui vous gêne intérieurement.
Cela va certainement vous demander quelques efforts et une certaine coordination, un certain rythme à découvrir, mais avec un peu de patience et de persévérance, vous y arriverez.
Au bout de quelques minutes de cet exercice, vous allez vous sentir régénéré et joyeux.
N'oubliez pas de remercier les êtres de la Nature qui vous aurons aidé à vous régénérer.

Nous verrons la suite au prochain chapitre...

« Intermède Intime »

La Déesse Natura : rencontres

Exceptionnellement, pour ce paragraphe, j'utiliserai le « Je » pour raconter, car ce sont des confidences que je souhaite offrir au lecteur.

J'ai rencontré la Déesse Natura, pour la première fois en juin 2005, alors que j'avais effectué mes premières recherches sur la guérison et la rédemption de la Nature, suite à la demande de sa « mère » la Déesse Isis-Sophia.
À cette époque, j'avais rencontré la Déesse Natura dans un espace de Nature situé dans l'Est de la France, à l'occasion d'une méditation sur l'Imagination de l'été (cf. le chapitre 9).
J'avais eu un petit échange avec elle, qui m'avait suffisamment « marqué » pour souhaiter qu'il y ait une suite... un jour...

Mais, s'agissant de la Déesse Natura, Mère Nature, je me disais que je ne pouvais pas me permettre de la « déranger » pour « trois fois rien » !
En effet, le lecteur doit savoir que, si je suis plutôt doué pour rencontrer des entités spirituelles de toutes sortes, je ne veux en aucun cas les gêner par ma présence, et j'éprouve pour elles un respect immense.
De ce fait, dans le cas où il est essentiel que je rencontre telle ou telle entité spirituelle, je me prépare, et je n'y vais pas les mains vides !
Le respect consiste, en effet, à apporter quelque chose à l'entité spirituelle que je souhaite rencontrer : le travail que j'ai entrepris la concernant, ou celui qui est en rapport avec sa mission.
Ensuite, si j'ai quelque chose de consistant à partager avec cette entité spirituelle, je demande à la rencontrer, et ceci se produit... et nous échangeons, et

je pose les questions que j'ai préparées et qui feront « avancer » la relation. C'est mon état d'esprit empreint de respect, de gratitude, de vertus, etc.

Durant plusieurs années, j'ai travaillé en rapport avec la Nature, et j'ai eu l'occasion de rencontrer des entités spirituelles y œuvrant : notamment, la grande Nymphe du Lac Léman en Suisse, ou une autre Nymphe d'un grand Lac du Cœur du Québec, ou encore une Nymphe de forêt en Alsace, et d'autres encore. À chaque fois, j'ai échangé sur les problèmes de la Nature, et les moyens d'apporter des éléments de guérison... ainsi que sur l'avenir de la rédemption de la Nature.
Mes rencontres furent passionnantes avec ces puissants êtres de la Nature, et la Nymphe d'Alsace, notamment, me confia même sa vision du futur, avec certaines images...

Il devint temps d'aller plus loin...
Je me demandais : de quelle manière ?
L'écriture d'un ouvrage sur la guérison et la rédemption de la Nature s'imposa rapidement... mais, ceci impliquait, de mon humble point de vue, de le demander directement à la Déesse Natura... et d'oser, en plus, solliciter son aide et son inspiration.
Eh oui, on aime les auto-défis, ou pas !

La rencontre majeure s'est produite en juin 2013, dans le Sud de la France, dans un beau paysage de Nature.
Cela se situait sur une hauteur avec un vaste panorama. Il faisait très beau...
J'ai demandé à sa « mère », la Déesse Isis-Sophia, que je connais bien depuis de nombreuses années (et même de nombreuses vies !), de m'aider à rencontrer sa « fille » ! (voir plus loin).
Après quelque temps de patience, à me battre avec les insectes envahissants qui m'empêchaient de méditer, la rencontre s'est produite.

Finalement, je l'ai rencontrée debout, les yeux ouverts, après être « passé » en vision éthérique-spirituelle, comme je le fais souvent.

Elle m'est apparue marchant sur un chemin sur lequel je me trouvais. Elle avait l'apparence d'une jeune femme, de taille relativement humaine, avec de longs cheveux bruns ou châtain foncé qui se confondaient avec son long manteau marine, qui fusionnait lui-même avec les montagnes alentour.
En fait, c'est comme si sa taille était à la fois humaine et extrahumaine, pouvant « épouser » le paysage environnant, grâce à sa longue chevelure et son vaste manteau qui, parfois, semblaient ne faire qu'un (symbole du manteau éthérique de la Nature).
Le reste de ses vêtements était composé d'une sorte de robe ou tunique avec des couleurs « nature » dans les tons jaune, vert et terre.
Son regard, que j'ai croisé à plusieurs reprises, était constitué de magnifiques yeux « d'eau », comme deux lacs ou étendues de mer, de teinte bleu-vert clair, aux nuances mouvantes (un peu comme ses vêtements, robe ou tunique, dont les tons m'apparaissaient mouvants ou « vivants » !).
Tout en elle révélait le « vivant », et elle n'était que mouvements de vie. Elle disposait d'une forme qui pouvait paraître celle d'une femme presque physique, et en même temps elle était sans forme et pure énergie de vie.
Elle exprimait une sorte de beauté pure, à la fois jeune et mature, impossible de lui donner un âge si elle avait été humaine...

Notre échange :

Notez que l'échange qui suit est une transcription relatant en fait deux rencontres avec la Déesse Natura (celle de juin 2013 et une autre le mois suivant). De plus, le « dialogue » avec la Déesse ne se fait pas à haute voix : c'est une entité spirituelle non incarnée, qui n'a pas de corps physique, et demeure donc invisible aux yeux de chair. La « conversation » se produit un peu comme une sorte de télépathie mentale, dont le véritable nom occulte est « inspiration » pleinement consciente. Concrètement, pour l'auteur, il voit la Déesse Natura devant lui, et il lui « parle » intérieurement, et reçoit ses réponses instantanément. Si une personne extérieure assistait à cette « scène », elle aurait l'impression qu'il ne s'est écoulé que trois ou quatre minutes; en réalité, dans la dimension spirituelle où la « rencontre » se déroule, l'auteur a pu vivre un assez long échange, qui aurait pris certainement de vingt à trente minutes dans le monde physique. Il y a toujours un décalage temporel dans ce genre d'expérience en esprit.

Après l'avoir saluée et lui avoir exprimé ma gratitude pour son magnifique travail...
Je lui ai dit que je souhaitais écrire un livre sur elle et son œuvre, et que je lui demandais quel était le message qu'elle aimerait faire passer dans mon livre. Elle me dit que les êtres humains étaient coupés de la Nature et qu'ils ne se rendaient pas compte qu'ils en faisaient pourtant partie intégrante. Il fallait leur montrer leur lien avec la Nature, puisqu'ils étaient constitués par elle.

Je lui demandais comment la Nature avait évolué depuis deux mille ans, et que lui avait apporté le fait que le Christ, Dieu le Fils, se soit uni à la planète, dont Il était devenu l'Esprit.
La Déesse Natura me raconta que la Venue du Christ apporta de profonds bouleversements, puisqu'Il déclencha le processus de « subtilisation » ou de transsubstantiation de la planète. Cela signifie que l'action du Christ, s'unissant à la Terre, a engendré un nouveau processus qui aide la Terre à s'éthériser ou à devenir plus subtile : c'est le phénomène que les scientifiques ont identifié en tant que processus de la « radioactivité ».
La Déesse Natura me raconta qu'à l'époque de la Venue du Christ, sa « mère », la Déesse Isis-Sophia, vécut une profonde transformation qui fit d'elle la nouvelle Déesse de l'Initiation au service du Christ, et qu'elle guida tous les groupes du christianisme ésotérique depuis, comme les Templiers, les Chevaliers du Graal ou les Rose+Croix... jusqu'à récemment, me confirma-t-elle, les fraternités de Rudolf

Steiner ou celles de Peter Deunov, d'Omraam Michaël Aïvanhov, ou la tienne, Pierre. Mais la transformation de sa « mère » l'amena à en vivre une, elle aussi...

Natura me raconta qu'à l'époque grecque, c'était sa « mère » Isis, ou plutôt Déméter, comme les premiers Grecs l'appelaient, qui s'occupait de la Nature. Elle s'en occupait avec deux « casquettes » : l'une était sous le nom de Déméter (ou Terre-Mère) qui représentait plutôt la Nature domestiquée (Isis ou Déméter est la grande Déesse qui inventa l'agriculture, aussi bien pour les Égyptiens que pour les Grecs, ainsi que pour d'autres civilisations encore !), et l'autre était sous le nom de Perséphone qui symbolisait la Nature sauvage ou « vierge ».
Puis, avec la Venue du Christ, la mission d'Isis ou Déméter changea en profondeur, suite notamment à sa rencontre avec Marc, l'apôtre du Christ (pour connaître la Mission d'Isis-Sophia, cf. *Parler le Langage des Anges*, de Céline & Pierre Lassalle, même éditeur).
Sa préparation à la Venue du Christ, puis Sa Venue Elle-même, avec tous les changements qu'elle entraîna à sa suite, fit qu'Isis/Déméter eut une « fille », qui devint la véritable Perséphone (ou Koré, la Vierge ou la Jeune Fille).
Sa « fille » c'était moi, me confia la Déesse Natura. À l'origine, j'étais donc une Déesse du Ciel. Par la suite, après un dialogue avec ma « mère » Déméter, j'acceptai le sacrifice de descendre sur la Terre et d'en devenir la Déesse de la Nature : ainsi, de déesse du Ciel, je devins une déesse chtonienne (ou de la Terre). Dans ce sacrifice, je perdis mes ailes... mais quelle aventure que cette mission !
J'échangeai alors avec elle sur le mythe de Déméter et Perséphone qui racontait cette histoire : elle me le confirma « Oui, Perséphone est bien mon nom originel ! ». Et le rapt d'Hadès signifie ma descente sur la Terre...
Elle me confirma que Zeus représente le Ciel, et donc les mondes astral et mental ; quant à Poséidon, il signifie le monde éthérique ; et Hadès, les forces chtoniennes ou terrestres. Parmi ces forces, certaines sont maléfiques, mais pas toutes.

Et devenir la Déesse de la Nature implique de descendre jusque dans les mondes éthérique et physique, ce que représente le rapt de Perséphone par Hadès.

Ensuite, poursuivit-elle, je devins la seule responsable de la Nature, et je pris le nom de Natura, qui était celui que me donnaient tous les Initiés et leurs disciples au Moyen Âge.

Bien sûr, comme tu le sais Pierre, ma « mère » me rend visite régulièrement, et parfois même, elle redevient la Déesse de la Nature ou plutôt de ses Mystères sacrés sous le nom d'Alchymia : dans ce cas, ce n'est pas moi, mais ma « mère », connue le plus souvent, aujourd'hui, sous le nom d'Isis-Sophia, qui prend le nom d'Alchymia pour transmettre certains enseignements initiatiques sur l'Alchimie, notamment.

Ensuite arriva le XXe siècle qui fut essentiel. Ma « mère » arriva sur le devant de la scène du monde, afin que la connaissance occulte émerge dans le grand public.

En effet, ma « mère » est l'ambassadrice de la Grande Dame que nous appelons la Sophia et qui est la parèdre du Christ, notre Dieu.

En tant qu'Isis-Sophia, ma « mère » est donc le réceptacle sacré de toute la Sagesse... et elle est prête à la transmettre aux héros capables de l'approcher, afin de soulever son voile !

De mon côté, je savais bien qu'à cette époque l'humanité traversait sa crise de croissance, comme une sorte d'adolescent qui veut tout casser pour se faire entendre ! Mais la Nature est d'une telle puissance, et son futur tellement merveilleux, que je ne voyais pas vraiment le danger que pouvaient causer les hommes.

C'est alors que je pris conscience du travail des Initiés humains. Depuis quelque temps, des Initiés humains rencontraient quelques-uns de mes « petits » et leur donnaient des enseignements pour les aider à franchir les limites de leur espèce. Comme tu l'enseignes également, Pierre, il est essentiel qu'à l'avenir la Nature acquière la conscience de soi, dont disposent actuellement les humains.

Ma « mère » m'avait émerveillée un jour en me racontant que le Christ avait dit qu'il y aurait des hommes qui deviendraient « le sel de la terre » pour la Nature ! Comme c'est beau ! Et j'ai adoré que tu racontes le mystère de cette parole du Christ dans ton livre ! C'est une telle espérance ! Si une petite partie de l'humanité comprend cela et le met en pratique : ce sera la rédemption de la Nature qui deviendra consciente ! (*silence*)...
Donc, au XXe siècle, des Initiés humains ont compris qu'il était temps de mettre en pratique cette parole du Christ.
Et j'ai pris conscience qu'il y avait un « super couple » en Inde : Sri Aurobindo (1872-1950) et la Mère (Mira Alfassa – 1878-1973) qui travaillaient sur la matière, et sur l'éthérique, sur la Nature, donc sur moi, en fait !!! (rires)...
Et la femme, la Mère a demandé à me rencontrer : c'était la moindre des choses, n'est-ce pas ?!

Si tu me permets, Dame Natura, je vais ajouter ce que Mère disait de toi à cette époque (en 1957)...
Mère disait de la Déesse Natura : « *Elle jette son esprit créateur avec une abondance qui ne calcule point, et quand la combinaison n'est pas réussie, eh bien, simplement elle fait comme cela (geste), puis elle la supprime, ça ne la gêne pas. Pour elle, n'est-ce pas, c'est une abondance qui n'a pas de limites. Il est de toute évidence que ça l'amuse et qu'elle n'est pas pressée. Si on lui parle de brûler les étapes et de finir vite telle ou telle partie de son travail, la réponse est toujours la même « Mais pour quoi faire, pourquoi ? Cela ne vous amuse pas ? ». Il est évident que l'obstacle le plus grand, c'est l'attachement aux choses telles qu'elles sont; mais même la Nature dans son ensemble trouve que ceux qui ont la connaissance profonde veulent aller trop vite : elle aime ses méandres, elle aime ses tentatives successives, ses échecs, ses recommencements, ses inventions nouvelles; elle aime la fantaisie du chemin, l'inattendu de l'expérience; on pourrait presque dire que, pour elle, plus cela prend du temps, plus c'est amusant.* »
Mère travaillait à la création d'un Nouveau Monde, et il était essentiel que la Déesse Natura y collaborât, alors : « *Je me suis identifiée à la Nature, totale-*

ment, je suis entrée dans son jeu. Et ce mouvement d'identification a provoqué une réponse, une sorte d'intimité nouvelle entre la Nature et moi, un long mouvement de rapprochement qui a trouvé son point culminant dans une expérience qui est venue le 8 octobre (1957). Tout à coup, la Nature a compris. Elle a compris que cette Conscience Nouvelle ne cherche pas à la rejeter mais veut l'embrasser tout entière. Elle a compris que cette spiritualité nouvelle ne s'écarte pas de la vie, ne recule pas craintivement devant l'ampleur formidable de son mouvement, mais veut, au contraire, intégrer toutes ses facettes. Elle a compris que la Conscience supramentale n'est pas là pour la diminuer, mais pour la compléter. Alors, de la Réalité suprême est venu cet ordre: « Éveille-toi, ô Nature, à la joie de la collaboration. » Et toute la Nature s'est précipitée soudain, dans un immense bondissement de joie, pour dire: « J'accepte, je collabore. »... Elle acceptait, elle voyait avec toute l'éternité devant elle que cette Conscience supramentale allait l'accomplir plus parfaitement, donner plus de force encore à son mouvement, plus d'ampleur, plus de possibilité à son jeu. »

Oui, c'est tout à fait ça, reprit la Déesse Natura.
Elle me raconta alors, qu'avant cette rencontre avec la Mère, elle croyait que la Nature étant immortelle, jamais les humains ne pourraient la détruire vraiment, et qu'elle pourrait toujours se régénérer et qu'elle continuerait son travail en laissant les hommes vivre leur crise adolescente. Mais, elle comprit avec la Mère que la crise des hommes qui devait les mener vers un Nouveau Monde, était aussi la sienne. La Nature ne pouvait pas demeurer à l'écart de cette crise humaine, sinon elle risquait vraiment d'être détruite ou d'être « en retard » lorsque les hommes franchiraient leur cap !
Pour qu'un Nouveau Monde devienne possible, il était capital que la Nature soit impliquée à fond dedans ! Et qu'elle y participe !
Alors, elle s'est mise à agir différemment et à enclencher un nouveau fonctionnement qui nécessitait de nouvelles forces.

Elle me raconta que d'autres étapes du même genre avaient suivi.

Par exemple : toi aussi, Pierre, tu as participé à cette préparation du Nouveau Monde, lorsque, en 1997, la plus grande des Déesses, la parèdre du Christ, la Sophia te rencontra pour te proposer une mission : par ton intermédiaire, au printemps 1997, elle fit descendre sur la Terre, au sein même de la Nature, sa « volonté sophianique », comme une force de volonté, puissante lumière, à la fois dense et « liquide » (l'énergie supramentale), qui est descendue dans la Nature pour aider à sa transformation, pour la rendre plus subtile, la spiritualiser et collaborer à l'œuvre du Christ, l'Esprit de la Terre.
Elle ajouta que, depuis, la Nature se transformait lentement et que le Nouveau Monde, du côté de la Nature, était également en marche... mais que ceci prendrait beaucoup de temps !

Elle me confia également qu'il était nécessaire qu'une autre force complémentaire pénètre la Nature : une énergie de pensée libre venant des humains, c'est-à-dire une énergie de pensée empreinte de moralité que les humains agiraient à la fois dans leur créativité, mais aussi dans la Nature.
Ainsi, ils créeraient de l'éther de conscience morale, aussi bien dans leurs œuvres créatrices de l'esprit, que dans des exercices méditatifs dans la Nature, par exemple.
Cela apporterait la conscience morale dans la Nature ou un super-éther de conscience morale qui aiderait aussi à rendre la Nature plus subtile et surtout plus consciente.
Il était important que l'être humain sache cela, car là était le seul et véritable moyen de « guérir » la Nature ou plutôt de l'aider à se propulser vers son futur (d'ailleurs l'énergie volontaire de lumière, elle l'appelait aussi l'énergie du futur).
Finalement, le Nouveau Monde n'était (peut-être) pas si loin...
Maintenant que nous avons la Déesse Natura œuvrant aux côtés des humains !

La vision du futur de Dame Natura s'est donc élargie, grâce à ses contacts avec des Initiés humains...

Oui, j'ai découvert une collaboration possible avec l'homme : avant l'humain m'apparaissait tel un « gamin » qui pique des crises régulières, et je ne m'en occupais pas trop...
Le contact avec des Initiés humains m'a montré le potentiel infini dont ils disposaient. Tout à coup les choses pouvaient changer. Et j'ai vu alors où tout cela pouvait nous mener : je pouvais aller beaucoup plus loin, et beaucoup plus rapidement que je ne l'avais escompté de prime abord. Soudain, un nouveau champ d'investigation s'ouvrait devant mes yeux émerveillés !
Oui, je voulais collaborer avec les humains, avec les Initiés et leurs disciples, dans un premier temps, et puis avec tous ceux qui voudraient bien s'ouvrir à la Nature.
Nous avons un Nouveau Monde à bâtir ensemble ! Et il sera encore plus beau, plus vaste, plus raffiné et plus spirituel que celui qui existait jusqu'à présent. Alors, oui, je veux construire ce Nouveau Monde avec des gens comme toi, et tous tes amis, Pierre !

Merci, Natura...

Hommage à la Déesse Natura

Une Déesse du Ciel engendra la Nature,
Mais cette Vierge ne put demeurer pure.
Tombée dans les royaumes chtoniens,
Elle accepta - en héroïne - son sacrifice non vain.

Lorsque le Dieu du Soleil descendit sur la Terre,
Et qu'Il s'unit aux forces de la Divine Mère,
La douce Perséphone, qui avait bu à la coupe,
De ce puissant Esprit rejoignit la troupe.

Reine d'un infini royaume en perpétuelle création
Elle couvre de son manteau, nourri de dons,
Toute la Vie aux accords innombrables,
Et Chevaliers et Dames autour d'elle s'attablent.

De la Nature cette Noble Dame est le Sens,
Et sa force rayonnante en accomplit la danse,
Car son divin but est d'offrir un monde futur,
Où chacun vivra la liberté d'un amour sans mur.

Pierre Uriel
le 26 juillet 2013

Chapitre 6

Les Saisons (1)
L'Automne

Au cours de ce chapitre et des trois suivants, nous vous proposons une exploration détaillée des quatre saisons de l'année et des fêtes sacrées qu'elles contiennent.
Ce sera l'occasion de faire plus ample connaissance avec l'Archange recteur de chaque saison, et de l'une des quatre principales catégories d'êtres de la Nature.
Pour chaque classe d'élémentaux, vous pourrez contempler une esquisse de Lucidaëlle, accompagnée d'un poème (« chansoème ») de Céline Lassalle. Et pour chaque Archange, vous disposerez également d'un poème de Céline qui le présente.
Le but est d'aider le lecteur à bien entrer dans le monde magique de la Nature et de son « petit peuple », et aussi de traduire cette créativité multiple dont nous avons fait preuve tous les trois avec la réalisation de cet ouvrage, d'un agenda et d'un calendrier artistique (mural).

Puisque nous allons présenter, de manière plus approfondie, les êtres de la Nature ou les « petits » au service de la Déesse Natura, il est temps de vous proposer un exercice pour traverser le voile des apparences.

Perception des êtres de la Nature

Tout d'abord, sachez qu'il est plus aisé de voir des êtres dans la Nature que des entités spirituelles dans le monde suprasensible.
Il est vrai que nous sommes incarnés sur la Terre et que le monde spirituel peut nous sembler plus lointain ou plus inaccessible que la Nature. Bien sûr, c'est en grande partie illusoire, car nous vivons aussi dans le monde spirituel, dans certains aspects de notre être. Mais, si le fait de nous sentir vivre au sein de la Nature facilite notre contact avec elle, alors tant mieux.
Ensuite, il ne faudrait pas croire que la méthode que nous allons vous donner est forcément « magique », et que grâce à elle, vous rencontrerez des êtres de la Nature.
La méthode en soi n'est que le dernier maillon d'un processus, dont nous avons déjà exploré les différentes étapes (cf. le chapitre 4, notamment).
Il est essentiel que vous ayez transformé votre vision de la Nature, et que vous vous sentiez en paix avec elle.
De plus, il est préférable que vous sachiez méditer.

La perception des êtres des éléments se pratique à partir du chakra du cœur ou centre de force situé au milieu de la poitrine.
Il n'est pas nécessaire que vous connaissiez notre méthode de « méditation créatrice avec l'Intériorisation », puisqu'ici la méthode est différente. En revanche, si vous avez une solide pratique de la méditation créatrice, l'exercice méditatif ci-dessous vous paraîtra plus facile.

Pour la pratique de cet exercice, nous envisageons que vous êtes arrivé dans un lieu de Nature, où vous êtes tranquille, où vos pensées sont belles et élevées, où votre but est noble, et où vous souhaitez rencontrer la Nature, et éventuellement un être y travaillant, avec le souhait de lui donner un peu de vous-même (et non le « pomper » et l'accaparer !).
Il est essentiel de vous y préparer à l'avance : Pourquoi voulez-vous rencontrer un être de la Nature ? Qu'allez-vous lui apporter (quel genre d'aide ou d'espérance) ? Dans quel état de conscience voulez-vous être ? Etc.

Exercice 5 : rencontre avec un être de la Nature

Sa pratique : cet exercice est à vivre assis, et peut être pratiqué avec des chaussures. Bien sûr, il est indispensable de le vivre en pleine Nature. Il peut être pratiqué également tout seul. Nous vous recommandons de l'appliquer à la suite des trois premiers exercices vus aux chapitres 1 et 5.

Son but : la communion avec la Nature, dans l'intention d'apprendre à collaborer avec elle, en vous mettant à l'écoute des êtres des éléments qui y œuvrent.

Variante : vous pourrez également le pratiquer debout, immobile ou même en marchant lentement, lorsque vous aurez beaucoup d'expérience. Voir également l'exercice 6.

Processus : Vous avez choisi votre lieu de Nature, où vous êtes installé aussi confortablement que possible (sans y apporter votre fauteuil préféré, tout de même !)... et vous y demeurez tranquillement pendant quelques minutes, afin de déterminer si vous vous y ressentez vraiment bien, en sécurité, en paix.
Lorsque c'est le cas, prenez alors conscience de votre respiration, et calmez-la au besoin, afin de respirer d'une manière douce et profonde.
Puis, contemplez la Nature autour de vous, afin de commencer par bien la connaître extérieurement. Regardez bien les arbres et/ou les fleurs (s'il y en a près de vous). Repérez les animaux (s'il s'en trouve proches de vous : si vous apercevez un tigre, alors, soit c'est une illusion, soit ce n'est sans doute pas le meilleur endroit pour méditer !), etc.
Soyez bien concentré et attentif à tout ce que vous distinguez dans la Nature alentour, à savoir le périmètre de votre bulle de lumière-conscience (soit quelques mètres).
Ensuite, fermez les yeux, et représentez-vous avec précision cette Nature vous

entourant sur votre « écran » mental à l'intérieur de vous-même (comme si vous aviez un écran en vous sur lequel vous pouvez projeter les images de votre choix). Lorsque vous voyez intérieurement, sur votre écran, ce qui se trouve dans la Nature environnante, vous pouvez aller plus loin.

Pour cela, en gardant bien les yeux fermés, vous allez imaginer et ressentir que votre conscience descend dans votre cœur. Votre conscience ressemble à une bille de lumière qui part de votre tête et descend vers votre cœur, vers le centre de votre poitrine, votre chakra ou centre du cœur (celui du pouvoir solaire).... Concentrez-vous bien sur ce processus : votre conscience, telle une bille de lumière, descend progressivement de votre front vers le centre de votre poitrine, votre chakra du cœur...
Maintenant, votre conscience-bille de lumière est arrivée au milieu de votre poitrine, au niveau de votre centre solaire du cœur...
Vous continuez à respirer tranquillement, vous vous sentez bien et en sécurité. Puis, vous vous concentrez sur la bille de lumière de votre conscience et, petit à petit, vous émettez la volonté d'aller à la rencontre de la Nature qui vous entoure ; et, dans ce même mouvement volontaire, vous voyez votre conscience-bille de lumière qui se met à grandir... grandir... grandir... jusqu'à devenir une grande bulle de lumière de conscience qui emplit toute votre poitrine...
Puis, tout en vous rappelant votre souhait d'entrer en relation avec la Nature environnante, votre bulle de lumière et de conscience va s'éloigner doucement de vous, tout en continuant de grandir... et de grandir encore...
Petit à petit, votre bulle de lumière et de conscience va englober les quelques mètres de Nature tout autour de vous... Ressentez bien cela... ce processus est très lent, et vous demeurez très concentré... tout en étant ouvert à la Nature... Prenez votre temps... pour rester conscient, bien au cœur de ce processus.
Au bout de quelques minutes, vous y êtes : votre conscience bulle de lumière englobe et vous-même et la Nature environnante ! Vous avez l'impression qu'une petite partie de la Nature s'est unie avec votre conscience.

Vous pouvez ressentir alors une sorte de communion avec la Nature (plus ou moins forte)...
Mettez-vous bien à l'aise avec cette situation... sentez-vous y en paix et joyeux. Soyez bien ouvert à la Nature, à tout ce qui pourrait se produire. Elle est votre amie... Si vous jouez bien le jeu, il est fort probable que vous n'aurez même pas à appeler un être de la Nature pour le rencontrer, car il est sûr qu'au moins l'un d'entre eux sera fortement intrigué par votre « gymnastique » méditative... Suffisamment pour oser s'approcher de vous par lui-même (surtout les gnomes qui sont curieux) !... Et vous l'apercevrez alors, à l'intérieur de votre bulle de conscience-lumière...

Quand vous rencontrez un être de la Nature, que devez-vous faire ?

Vous n'avez pas besoin de lui réciter les indications fournies par votre passeport.
Vous pouvez vous présenter en disant votre prénom (c'est un discours « intérieur »). Ensuite, exprimez simplement ce que vous avez apporté, ce que vous voulez donner. Parlez-lui avec votre cœur. Et demeurez bien à son écoute.
Ne commettez pas l'erreur de croire que cet être est « comme » un humain, qu'il dispose d'une individualité propre, d'un « état civil », etc. Un être élémental est collectif : il n'a pas d'esprit individuel ni de mental comme un être humain. Mais, comme dirait Marcel : « Ce n'est pas une buse pour autant ! Ne le prenez pas pour un demeuré ! Du style : L'autre jour, je fais la méthode « à Lassalle », avec ma bulle de lumière et tout comme i'faut, et je rencontre une espèce de gnominet, tout bizarroïde, et aussi sec, je lui dis : Salut, ma poule, c'est quoi ton nom ? Et qu'est-ce que tu fous de ta chienne de vie ? Est-ce que t'as une gnominette de copine ? Tu bouffes du chocolat ? Tout ça à la file, comme si j'allais prendre le train ! Du coup, le p'tit bestiau i' m'a regardé droit dans les mirettes, et puis il a mis un doigt sur sa

tempe, et il a tourné sa main à plusieurs reprises ! O.K., ma poule, tu m'prends pour un barjo ! Message reçu, je m'incline ! »

Trop souvent les « amateurs » de « safaris » aux êtres de la Nature veulent rencontrer à tout prix (bah quoi, c'est de la consommation !) « leur » gnome. Ensuite, ils lui inventent un nom, une mission « spéciale » avec eux, des confidences tellement extraordinaires que même Marcel il y croirait pas !
Ne soyez pas ainsi, ne serait-ce que par respect pour ces êtres et pour leur reine, la Déesse Natura. Merci !

Exercice 6 : don à la Nature

Sa pratique : *cet exercice est à vivre assis, et peut être pratiqué avec des chaussures. Bien sûr, il est indispensable de le vivre en pleine Nature. Il peut être pratiqué également tout seul. Mais, nous vous recommandons de l'appliquer suite aux trois premiers exercices vus aux chapitres 1 et 5. Il peut remplacer l'exercice 5.*

Son but : *la communion avec la Nature, dans l'intention d'apprendre à collaborer avec elle, et d'y faire descendre de belles forces guérisseuses et régénératrices.*

Variante : *de l'exercice 5.*

Processus : *la pratique est la même que pour l'exercice 5, jusqu'à la création de la bulle de lumière et de conscience. Une fois que cette bulle emplit tout l'espace autour de vous (vous avez les yeux fermés), vous n'allez pas essayer d'entrer en contact avec un être de la Nature... mais plutôt demander à recevoir une belle énergie de paix, d'amour, de guérison ou une puissante lumière de purification ou de régénération... selon ce que vous ressentirez de la Nature*

environnante : de quoi a-t-elle besoin ?
Dans le cas où vous n'arrivez pas à déterminer quelle énergie appeler, choisissez une puissante lumière blanche, qui purifiera et régénèrera la Nature autour de vous.
Si vous savez déterminer quelle énergie est la meilleure pour l'endroit où vous vous trouvez, alors imaginez-la qui descend d'au-dessus de vous (vous pouvez demander l'aide de votre Ange, par exemple), puis qui passe à travers vous, et emplit votre bulle de conscience... se répandant ainsi dans la Nature vous entourant. Restez bien concentré sur cette vision, et ouvrez votre cœur, afin de ressentir que vous donnez de vous-même. Si vous avez choisi une énergie de paix, imaginez-la verte. Si c'est une énergie d'amour, imaginez-la rose. Si c'est une énergie de guérison, elle peut revêtir tous les tons allant du vert au bleu. Si c'est une énergie de régénération, elle peut apparaître orangé-rouge vivifiant... et parfois, ce sera une belle lumière blanche ou dorée.
Faites confiance, et laissez couler votre don sur la Nature pendant quelques minutes...

Indications générales sur les êtres de la Nature

Il existe une infinité d'êtres des éléments (non seulement pour les végétaux, mais aussi pour les minéraux, les animaux…). Leur variété et leur multiplicité est immense. Certains vivent un instant (les mini-ondines de l'écume des vagues, par exemple), d'autres ont une longévité de plusieurs siècles (comme les gnomes)… Leurs capacités sont très différentes en fonction du rôle qui leur est attribué. Il existe, pour décrire les extrêmes, des êtres vraiment tout simples qui s'occupent par exemple d'un brin d'herbe, et des êtres supérieurs qui s'occupent d'un paysage, ou même d'une région entière. Les êtres de la Nature plus évolués présentent un plus

vaste rayonnement.
Les êtres des éléments n'ont pas de conscience propre. Seules les Salamandres (élément Feu) ont un début de conscience individuelle et de corps mental. Cependant depuis la fin du XIXe siècle (Régence de Michaël), des gnomes plus évolués tentent de se rapprocher des humains pour collaborer à la sauvegarde de la Nature (tel Lepto, le korrigan dont nous parlons dans notre roman *Cyberespace*, même éditeur).

Les élémentaux n'ont pas de sens moral : pour eux, le bien consiste à accomplir leur travail. Ce qu'ils ressentent comme « mal », est ce qui les empêche de le faire. Ils sont naturellement innocents, emplis d'une joie volontaire, extasiant la Vie.
Ils œuvrent selon un triple principe :

1) **Ils absorbent** l'énergie vitale des êtres supérieurs qui les dirigent.
2) **Ils condensent** cette énergie en eux.
3) **Ils redistribuent** cette énergie dans la Nature (ce qu'un clairvoyant peut contempler comme une explosion de lumière, s'il s'agit d'un sylphe, par exemple).

Les êtres des éléments vivent dans le temps (monde éthérique), et non dans l'espace (monde physique) : ils peuvent donc instantanément être à un autre endroit du globe, simplement par la volonté d'y être. En général, ceci ne leur viendra pas à l'idée, car ils sont très attachés à leur lieu de travail.

Ils sont, pour la plupart, capables de modeler des apparences éthériques copiées sur les êtres humains (vêtements, habitats, objets…), qui n'ont bien sûr aucune consistance physique. Ils aiment imiter les humains dans leur mode de vie.

Les êtres de la Nature ne peuvent en aucun cas se densifier jusqu'au niveau matériel. Ils sont dotés de « ressentis », mais ils n'ont pas d'émotions comme les humains. Ils n'ont pas de pensée individuelle : ils sont animés par la pensée des entités des hiérarchies supérieures qui les dirigent. Ils réagissent à ce que l'être humain pense ou éprouve, qui les atteint directement (c'est ainsi, par exemple, que nous influons sur la pluie ou le beau temps !) : c'est pourquoi il nous faut être très attentifs à nos pensées et sentiments quand nous allons dans la nature pour ne pas les polluer ou les faire souffrir. Par exemple, croire qu'ils n'existent pas (pensée matérialise) les paralyse ! Toutes nos pensées matérialistes les emprisonnent dans des pièges qu'ils ressentent comme de la glace… Nos agissements égoïstes à l'égard de la nature les font souffrir…

Les élémentaux peuvent être manipulés ou « démonisés » par les forces du mal, qui agissent à travers les êtres humains : ainsi la technologie matérialiste qui les déséquilibre et détruit leur travail (avec notamment la pollution de la terre, de l'eau, de l'air…), et qui les réduit en esclavage (notamment à travers toute machine, dont l'ordinateur). Avec notre science et notre économie matérialistes, les êtres de la Nature sont déviés de leur mission originelle et contraints d'agir pour servir des intérêts contraires à la sagesse et à l'harmonie, qui sont à la base de la création de la Nature. Ils peuvent aussi être ensorcelés par nos pensées et désirs (comme les êtres élémentaux démoniaques qui créent les cataclysmes, habités par des forces négatives ou des désirs égoïstes se dégageant des êtres humains – cf. *La Vie Spirituelle*, même auteur, même éditeur). L'être humain aura de plus en plus, dans le futur, le devoir spirituel de libérer les êtres des éléments qu'il a contribué à « démoniser » ou à mener en esclavage.

Les Gnomes

Et aussi : Nains, Leprechauns, Korrigans, Lutins, Kobolds, Faunes, Fées, etc.
Ces êtres de la Nature vivent dans l'éther de vie ou de cristallisation ou

encore d'identité, dont la contrepartie physique est l'élément terre. Nous plaçons cet élément en analogie avec la saison de l'automne. Bien évidemment, ces êtres ne travaillent pas qu'à l'automne, mais toute l'année. « Gnome » (nom donné par Paracelse, 1493-1541, médecin, astrologue et alchimiste Suisse) vient du grec *Gnosis*, la connaissance.

Les Gnomes sont des êtres des éléments qui ont la connaissance instinctive de tout ce qu'ils perçoivent (sans avoir besoin de réfléchir, car ils n'ont pas de pensée propre). Ils saisissent directement les pensées des entités spirituelles qui les dirigent pour s'occuper des plantes, et plus particulièrement de leurs racines. Ils perçoivent également les pensées humaines, mais ne comprennent pas toujours notre pensée intellectuelle qui leur paraît manquer de sens pratique ! Ils disposent d'une grande intelligence, mais différente des humains, puisqu'instinctive, et sans le recul du discernement et du libre arbitre, qui leur sont inconnus.
Les Gnomes sont particulièrement reliés aux Archées qui les dirigent.

Vivant dans l'éther de vie (ou de cristallisation), ils ont des formes très définies (même s'ils peuvent en changer à volonté). Leur taille varie de 10 à 30 cm, ils ont généralement une apparence masculine de « petits vieux », habillés de couleurs foncées, comme la terre, et avec des oreilles pointues. Leur « physique » n'est pas vraiment esthétique à l'œil (le nôtre !). Leur grande longévité (jusqu'à plusieurs siècles), et leur curiosité vis-à-vis des humains, les font souvent paraître vêtus selon les modes des temps anciens, de l'époque où ils sont apparus (et où ils étaient encore assez proches des paysans, dont ils aimaient aussi copier les maisons, les comportements, etc.). S'ils se lient à un être humain, ils le servent fidèlement.

Ils nous aident à nous connecter à la Terre, et à nous y sentir stables et en sécurité.

Ils imprègnent les fleurs, les arbres et les minéraux d'une sorte de sagesse instinctive qu'il est possible de « lire » ensuite (c'est ce que nous appelons généralement la « signature » ou « identité occulte » d'une fleur ou d'un arbre).

Ils se déplacent au sein de la terre ou des rochers sans éprouver aucune difficulté, comme l'humain peut le faire dans l'air (ce n'est pas solide pour eux, puisqu'ils vivent au niveau éthérique). Ils connaissent l'espace qu'ils traversent par la sensation. Ils s'occupent globalement des racines (ils activent le minéral et l'amènent aux racines). Ils (les Nains notamment...) aiment particulièrement les métaux et gardent les minerais (Savez-vous que le nom du métal « nickel » vient de celui d'une catégorie de Nains ?).

L'une de leurs tâches essentielles est, durant l'hiver, de conserver les « archétypes » des plantes (ou image-mémoire de leur création) qui leur sont confiés par les sylphes à l'automne, lorsque la plante dégénère, juste avant de mourir, afin que ces plantes puissent être recréées à l'identique, et « renaître » pour le printemps. Ils contemplent l'archétype de la plante pendant l'hiver.
En fin d'hiver, ils en façonnent les racines et poussent la végétation vers le haut pour qu'elle sorte de terre. Les ondines et les sylphes poursuivent alors leur travail.
Ils travaillent aussi avec les arbres (les gnomes des arbres sont plus grands, pouvant atteindre 80 cm, et sont appelés des « faunes »), en compagnie d'ondines et de sylphes, au service de l'être supérieur de l'arbre, en l'occurrence une dryade, hamadryade, ou génie de l'arbre.
Il existe aussi des gnomes des rochers et des montagnes, qui peuvent être très grands.

Les Gnomes sont des êtres vraiment sensibles ; ils sont très attentifs à ce qui se passe alentour, très curieux. Ils sont joueurs et farceurs ! Ils aiment la proximité des humains et de leurs enfants.
Ils sont extrêmement concentrés dans leur travail.

Gnome
entortill
13.04.13

GNOME

Rythme en la terre, dessus dessous,
Et garde et creuse et plante et noue,
Ses pierres et sable, bulbes et rhizomes,
Replace en farces, curieux des hommes,

Maintient constant, veut et imite,
Organisé, pulsant pépites,
Produit par vie en ses cavernes
Mémoire des cieux... sage gouverne !

Céline Océana

Ils fuient la lumière du Soleil, mais aiment celle de la Lune, à laquelle ils sont très liés, car ils sont les gardiens (mémoire) de la forme éthérique : c'est le rôle de l'éther de vie ou de cristallisation.

Les « Fées de la Terre » (le nom « fée » est souvent donné à des elfes liés à l'air et à certaines ondines vivant entre l'air et l'eau) sont d'apparence féminine, belle et gracieuse. Il en existe de différentes tailles. Elles aiment danser en rond sous la Lune dans les clairières (repérez les endroits circulaires dans les forêts ou les prés, pour les percevoir – depuis votre bulle de lumière – les nuits de pleine Lune, notamment, ou lors de la fête de l'été, le 24 juin, à la St Jean le Baptiste !).
Elles se déplacent souvent en groupe, pour effectuer un travail collectif. Les danses des fées ne sont pas que l'expression de leur joie créatrice : elles permettent de capter les forces des Entités supérieures, d'harmoniser ainsi la Nature, et d'en vivifier la croissance…
Les Fées de la Terre sont expertes dans la connaissance des vertus des minéraux.

L'automne et le passé préchristique

Habituellement, l'automne est présenté en tant que troisième saison de l'année, après le printemps et l'été. Ce n'est pas faux, dans le sens où l'année commence véritablement à l'équinoxe du printemps, lorsque les jours et les nuits sont de durée égale, et que le Soleil semble entrer dans le signe astrologique du Bélier (vers le 20 mars). D'un point de vue spirituel, c'est le début de l'année. Elle débute par le printemps ; l'été suit, puis l'automne, et enfin l'hiver.
Toutefois, pour notre sujet, en lien avec les fêtes sacrées, il est essentiel de saisir qu'il y a… ***avant*** Noël et ***après*** Noël. Et la fête de Noël réfère à la naissance de l'enfant Jésus, il y a deux mille ans !
Et la naissance de l'enfant Jésus intervient juste après le solstice d'hiver. Donc, l'automne se déroule « avant »… En d'autres termes : **tout ce qui se passe avant le solstice d'hiver fait référence au lointain passé préchristique.**

Ainsi, l'automne est la saison qui nous rappelle un passé antérieur de plus de deux mille ans !
Or, de nos jours, nous vivons dans une période postchristique. Ainsi, chaque année, durant l'automne, nous sommes, en quelque sorte, projetés en arrière dans une époque préchristique.
Pourquoi ?
Justement, pour nous débarrasser de tout ce qui n'est pas « christique » en nous !

Dans ce contexte, que signifie le mot « christique » ?

Il ne fait aucunement référence à une religion. En effet, il découle de l'impulsion que Dieu le Fils, que nous appelons le Christ, a placée au sein de l'humanité, il y a deux mille ans, et qui s'adresse à chaque être humain, dans le temps et l'espace.
Ainsi, quels que soient le moment de votre incarnation et son lieu, vous pouvez décider de saisir cette impulsion divine (peu importe le nom que vous lui donnez), et d'évoluer avec elle. Ceci n'a rien à voir avec la religion.
L'impulsion christique est pour tous les êtres humains : elle est universelle, car c'est Dieu Lui-même qui S'est incarné pour nous l'offrir !

Revenant à notre contexte automnal, que signifie « ce qui n'est pas christique » ?

C'est ce qui n'est pas humain-divin en soi : les vices, l'égoïsme, le mensonge, l'individualisme, l'agressivité, la petitesse, le reniement de soi, fuir ses responsabilités, imiter ou copier (au lieu de créer), la trahison, la lâcheté, etc.

En bref, au cours de la saison de l'automne, il est essentiel de comprendre que : **il vous faut vous purifier, dans le but d'être meilleur, plus pur,**

plus vertueux, plus héroïque, plus ouvert aux autres… au temps de Noël, afin d'accueillir l'enfant Jésus dans la crèche de votre cœur!
Il n'est donc pas étonnant que ce soit la saison de Michaël : le chef des armées célestes !

Michaël : l'Esprit de notre Temps

Depuis le mois de novembre 1879, Michaël, qui fut l'Archange du Soleil, s'est élevé au rang d'Archée : **il est devenu l'Esprit du Temps (de l'ère des Poissons).**
Il est donc, dans un premier temps, le régent de la période archangélique s'écoulant entre 1879 et 2240 environ, et, dans un deuxième temps, il vivra, en tant qu'Archée et en tant que « Visage du Christ », sa période de « direction » de l'ère des Poissons jusque vers 2700 !

En tant qu'Archée, son pouvoir spirituel est beaucoup plus étendu que celui qu'il détenait étant Archange : **il influence tous les secteurs de vie de l'humanité entière**, et pas seulement les domaines spirituel et culturel.
De plus, **il est le principal Représentant du Christ, Dieu le Fils**. Pour jouer ce rôle, il est descendu de la sphère solaire jusque dans la zone spirituelle la plus proche de l'humanité : le monde éthérique. **Michaël est le seul parmi les Archées à se trouver si près de l'humanité, juste sur le premier « seuil », celui du monde éthérique, car c'est là que le Christ effectue Sa Parousie** (sa Présence en gloire).

Il représente le principe d'individualisation spirituelle du « Je » humain : il agit à travers l'Ange guide de l'être humain, pour aider ce dernier à s'individualiser, devenir plus mûr, plus responsable, et exercer son libre arbitre. Michaël apparaît ainsi comme le « grand frère » de l'Ange gardien de l'individu.

L'Esprit de notre Temps joue le rôle de Guide de l'humanité. Il incite l'individu à se connaître, à se saisir en tant que « Je » ou esprit individuel et libre. Cet encouragement à s'individualiser peut être perçu à travers notre Ange guide, ou (exceptionnellement) directement par l'intermédiaire de Michaël.
Rappelez-vous toujours : Michaël, en tant que « champion de la liberté », n'oblige jamais l'individu à évoluer, il reste toujours présent, proche de la Terre, suggérant à l'être humain individualisation et connaissance de soi, mais ce dernier est libre de faire la sourde oreille !

Michaël incite l'être humain à faire descendre ses pensées dans son cœur (le siège de la volonté spirituelle). Il est temps que l'intelligence de la tête descende dans le cœur humain, afin de se transformer en sagesse, puis en amour, sous l'impulsion de Michaël.
L'humain de notre époque doit apprendre à penser avec son cœur, et non plus avec sa tête, puis à agir avec amour : tel est le message michaëlique.
L'intelligence humaine de tête doit être spiritualisée dans le cœur : c'est là que la sagesse peut ressusciter. Et cette sagesse ressuscitée dans le cœur (ou individualisée) se transforme alors en amour.
La sagesse ressuscitée dans le cœur peut se nommer Foi connaissante. Ensuite, lorsque nous agissons cette nouvelle Foi, au travers d'actes de Foi, elle se transforme dans la volonté spirituelle du cœur en amour fraternel. Et c'est cet amour fraternel que l'humain contemporain doit faire rayonner dans ses membres, afin d'en abreuver chacun de ses actes. C'est la tâche de l'individu d'aujourd'hui, et c'est la seule possibilité pour que naisse une nouvelle culture spirituelle dans un futur proche.

Chaque année, durant l'automne, et principalement pendant le mois du Scorpion (novembre), Michaël combat le dragon des forces dites « ahrimaniennes », en d'autres termes, le dragon des forces sclérosantes et « matérialisantes » : ces dernières enferment l'être humain dans des habitudes et des automatismes, lui enlevant sa liberté et la remplaçant par la sécurité extérieure, avec son cortège de peurs, insécurités, et mensonges, le conduisant vers toujours plus d'agressivité.

Michaël, champion de l'automne et Saint Patron des Chevaliers du Graal, vous apprend à combattre vos « ennemis » : avec une pensée claire, du discernement, vous voyez en face ce que vous devez transformer en vous ; puis, avec une volonté motivée par le bien, vous devenez héroïque en combattant aux côtés de Michaël, pour la victoire du vrai, du beau et du bien.

L'automne peut se résumer ainsi :

- **En septembre** (même si c'est encore l'été, d'un point de vue spirituel, c'est déjà l'automne qui se prépare), le signe astrologique de la Vierge : nous voyons *une belle Vierge enceinte qui apparaît.*
- **En octobre**, le signe astrologique de la Balance, celui de Michaël : *le chef des armées célestes vient se placer devant la Vierge pour la protéger.*
- **En novembre**, le signe astrologique du Scorpion, celui du dragon : *le combat de Michaël, contre le dragon qui veut s'accaparer la belle Vierge, commence.*
- **En décembre**, le signe astrologique du Sagittaire, le mois de l'Avent ou de la purification : *Michaël a gagné, la Vierge donne naissance à l'enfant.*

Cette image, ou Imagination spirituelle (une image qui peut être perçue dans le monde spirituel, en méditation), se trouve dans l'Apocalypse de Jean, où elle ouvre le chapitre 12 : c'est celle de la « femme vêtue de soleil », dont nous avons déjà parlé dans notre ouvrage *Artémis & Apollon* (même éditeur), et qui s'adresse à notre temps, qui est celui de Michaël !

Michaël

Ô toi, de l'automne flamboyant champion,
Libre à tes côtés je tends mes efforts en dons.

À l'appel des combats, des armées le meneur,
De vertueux exploits en victoires est l'auteur.
De Sagesse sacrée valeureux protecteur,
Céleste chevalier, couronné serviteur.

Sa force de courroux, l'être digne apprécie,
Ajustant la balance par voie d'intégrité,
En modèle idéal que héros reconnaît,
Par le choix du Soleil qui prévaut dans la nuit.

Sitôt que sombres voiles de la mort apparaissent,
Il ordonne aux regards que jamais ne s'abaissent,
Autant qu'aux vouloirs que jamais ne s'affaissent,
Certifiant qu'en la terre l'esprit de vie renaisse.

Des confins de la quête où Sa lumière luit,
La plus vive espérance rayonne universelle,
Car pionniers engagés en chœur autour de lui
Présentent incarnée notre humanité nouvelle.

Céline Océana

Michaël et la Numérologie Sophianique

Le nom Michaël, qui comprend trois syllabes comme tous les Archanges recteurs d'une saison (en hommage à la Trinité), peut être interprété grâce à la numérologie.
Nous avons recréé une numérologie pour notre temps, et en accord avec Michaël : la *Numérologie Sophianique*[1].
Le nom de Michaël en numérologie donne 33/6.

M I C H A E L
4 9 3 8 1 5 3 = 33/6

33 est ce que nous appelons un Maître Nombre, à savoir un Nombre d'un niveau supérieur ou qui ne peut être vécu que d'un point de vue spirituel. Ceci convient bien à Michaël, n'est-ce pas ?!
Nous associons le Maître Nombre 33 au signe astrologique des Poissons (Michaël est l'Esprit du Temps de l'ère des Poissons !), et à la planète Neptune. Cette dernière est en lien avec l'Esprit Saint ou la Mère Divine, ce qui rappelle le lien de Michaël avec la Sophia, la plus parfaite expression de la Mère Divine !
Dans le 33, nous avons une répétition du Nombre 3, qui est celui de la Trinité (Michaël signifie « Qui est comme Dieu ? »), et aussi celui du symbole du triangle, représentant la Lumière et la pensée trinitaire, que Michaël nous incite à développer[2] .
Le Maître Nombre 33 donne 6 en réduction : le Nombre 6 est, notamment, celui de l'amour et du service… et de l'équilibre à trouver (ou juste milieu), dont le symbole est la balance : l'un des principaux symboles de Michaël.
Son Nombre Intime (total des voyelles) donne : 15/6. Nous retrouvons le Nombre 6 qui est celui de Vénus et du service.
Quant à son Nombre de Réalisation (total des consonnes) il donne :

1. cf. l'ouvrage du même nom, même éditeur.
2. cf. *Numérologie Sophianique*, déjà cité.

18/9. Le Nombre 9 est celui de l'universalité, du cosmopolitisme et de la fraternité, qui représente bien la tâche de l'Esprit de notre Temps.
Nous pouvons également nous intéresser à la première lettre de son nom, le « M » qui signifie : sens du devoir et des responsabilités, grande puissance créatrice, capacité à défier la mort, résurrection, rayonnement protecteur, force de manifestation…

Les fêtes sacrées de l'automne

Nous vous proposons de détailler la sagesse des fêtes sacrées de l'automne, et de vous donner quelques exercices qui vous permettront de les vivre au mieux. Ces exercices demandent réflexion, méditation, voire un travail intérieur. Vous pouvez lire le texte une première fois, afin d'en prendre connaissance. Ensuite, il vous demandera des efforts de compréhensions. En effet, ce sont des exercices visant à vous « plonger » dans l'atmosphère de la fête sacrée en question. Ils vous proposeront d'effectuer des recherches, et d'accomplir certains actes dans votre vie. Cela vous aidera à instaurer un rythme à votre mode de vie, en accord ou en harmonie avec la Nature.
Ces exercices des fêtes sacrées font partie intégrante de ce que nous appelons l'écosophie, et ils peuvent contribuer à un plus grand respect de la Nature, et même à lui offrir des forces de régénération et de guérison. Ils sont donc essentiels, à la fois pour l'humain et pour la Nature, dans un vœu de collaboration… et de préparation du futur…

***23 Septembre* - Équinoxe d'automne – le Soleil entre dans le signe astrologique de la Balance, début de la saison d'automne, entité régente** : Archée Michaël (son nom signifie : « Qui est comme (pareil à) Dieu ? »).

***24 Septembre* - Fête de Perséphone** : fête de la Nature et de la **Déesse Natura** (fille d'Isis ou Déméter) ; célébrée par les Grecs lors des grands Mystères à Éleusis. Si nous voulons célébrer une vraie **fête de la Nature et de la Déesse Natura**, c'est cette date que nous devons retenir.

***29 Septembre* - Fête de Michaël** : force de la pensée trinitaire qui, unie au cœur, amène le Bien dans la volonté, pour faire face au mal (vu grâce à Uriel pendant l'été), et y résister, pour le vaincre et le transformer ensuite. Michaël est l'Esprit du Temps (Archée) depuis 1879, jusqu'au milieu du XXIIIe siècle.
La fête de Michaël se situe au début de l'Automne. Cette saison est celle où, grâce au courage et à la force intérieure, il est possible de se confronter au mal, ou encore de le voir en face, afin de le transformer.
L'Automne est la saison où le méditant doit vraiment se « désidentifier » de son environnement, de la Nature qui est en train de mourir. Sinon il risque de sombrer avec la Nature dans la torpeur, et atteindre Noël dans une profonde inconscience.
Si le détachement avec les forces de mort, à l'œuvre dans la Nature, s'opère bien, alors l'aspirant s'intériorise de plus en plus et atteint Noël en étant prêt pour la rencontre avec le Christ en soi (vraie fête de Noël).
L'Automne est la saison où l'on doit passer des forces de mort aux forces de vie.
Autant au printemps c'est la Nature qui ressuscite, autant à l'Automne c'est au tour de l'être humain de ressusciter (dans sa pensée pour commencer). C'est la saison où il faut faire ressusciter la Sophia ou Sagesse en soi (passer d'une pensée morte ou matérialiste à une pensée vivante unie au cœur). C'est une période idéale pour changer sa vision de la Nature.

Il est possible de vivre une préparation à la fête de Michaël (passage du flambeau entre Uriel & Michaël), où la pensée descend dans la volonté pour la diriger. Elle se pratique pendant les trois semaines précédant sa fête, comme suit :

Dimanche 8 Septembre: **La pensée « retournée » (metanoïa).** Passer d'une pensée morte qui s'enfonce dans la torpeur, entraînée par le déclin de la Nature, à une pensée vivante et libre. Se renforcer intérieurement, afin de pouvoir s'unir au monde spirituel grâce à sa pensée. Cultiver une vie intérieure (méditative), établie sur de solides fondations (la Foi connaisseuse), permet d'entrer en contact avec l'Ange et de parler son langage[1]. La lumière de pensée construit des images du Bien et permet le discernement – textes de référence : ***Jean VIII-12 et Jean XII-35/36.***

Dimanche 15 Septembre: **La résistance au mal**. Grâce à l'appréciation juste nous trouvons des motivations pour voir le mal en face et lui résister. La résistance au mal permet de se renforcer intérieurement (la « musculation » du « Je ») et de prendre conscience de soi. « ***On n'a l'expérience du bien qu'en l'accomplissant. On n'a l'expérience du mal qu'en s'interdisant de l'accomplir, ou, si on l'a accompli qu'en s'en repentant. Quand on accomplit le mal, on ne le connaît pas, parce que le mal fuit la lumière***. » (Simone Weil « *La Pesanteur et la Grâce* »).

Dimanche 22 Septembre: **L'initiative intérieure**. La pensée unie au cœur crée une image du Bien en soi, qui nous permet de résister au mal. Puis, la volonté dirigée par la pensée (et son image du Bien) doit faire preuve d'initiative afin d'agir le Bien. Nous devons accorder notre pensée avec notre volonté : « ***J'agis ce que dans mon cœur je pense, afin d'apporter le Bien dans le monde*** ». Nous cultivons une pensée créatrice, dynamique et pratique : nous faisons preuve d'initiative, motivés par l'agir du Bien – textes de référence : ***Luc III-7/9 et Matthieu VII-24/27.***

Dimanche 29 Septembre: **Fête de Michaël**. Michaël est l'Esprit de notre Temps. Il représente la pensée libre (libre arbitre) qui

1. cf. *Parler le Langage des Anges*, déjà cité.

permet de chasser l'égoïsme. Il nous incite à développer une pensée vivante. Il souhaite que nous nous intéressions à la compréhension de notre karma, afin de le mettre en ordre. Il espère que nous allons cultiver le discernement et la juste appréciation de nos expériences. Il nous demande d'individualiser notre volonté et d'universaliser notre pensée. Il souhaite plus de fraternité parmi les êtres humains. La question à se poser chaque année, pour sa fête, est: « ***Qu'ai-je accompli dans le sens de l'impulsion michaëlique? Qu'ai-je fait qui me permettrait de regarder Michaël en face?*** »

2 Octobre - **Fête des Anges**: méditer sur le fait de « penser comme son Ange »[1]. Renforcer sa vie intérieure (méditation) pour prendre conscience des images spirituelles envoyées par l'Ange, et les recréer avec la force de vie de ses pensées. Lui exprimer notre gratitude…

9 Octobre - **Fête de Denys l'Aréopagite (St Denis)**: mage-astrologue, disciple de St Paul, il fonda l'École d'Athènes, donna le premier enseignement christique sur le Monde Spirituel (Astrosophie). Décapité, il posa sa tête sur son cœur, signe hautement symbolique.

1er Novembre - **Toussaint**: Fête de tous les Saints. Aspiration de l'humain à sanctifier son corps astral pour avoir un cœur pur (devenir une coupe du Graal). Notez que la fête des morts (ou des défunts) est le 2 novembre et non le 1er !

9 Novembre - **Fête des Mères et de Déméter**: vraie « fête des mères », fête des Déesses-mères et de la principale pour les Grecs: Déméter (« terre-mère »). Déméter est la Mère de la Nature cultivée (agriculture, par exemple). Fête complémentaire à celle de Perséphone.

Période de l'Avent (pendant 4 semaines), ***à partir de l'entrée du Soleil dans le signe du Sagittaire (vers le 22 novembre)***: période

1. cf. *Parler le Langage des Anges*, déjà cité.

de purification et préparation à Noël. Dernière semaine de novembre et les trois premières semaines de décembre, pendant le transit du Soleil dans le signe astrologique du Sagittaire (du 22 novembre au 21 décembre = 7° 30' pour chaque semaine de l'Avent). La première semaine concerne la volonté (actes), la deuxième, le sentiment (relations), la troisième, la pensée (idées, idéaux, buts) et la quatrième, le « Je », l'esprit, et l'accès conscient au monde spirituel.
Les 4 semaines : 1re semaine = du 22 au 29 novembre ; 2e semaine = du 29 novembre au 6/7 décembre ; 3e semaine = du 6/7 au 14 décembre ; 4e semaine = du 14 au 21 décembre.
Il ne faut pas trop s'attacher au dimanche, car c'est toute la semaine qui est importante, et pas seulement le dimanche. Mais, si la semaine vous parait « trop », alors contentez-vous du dimanche !
Le mot « avent » vient du latin *adventus*, qui signifie la Venue de Jésus-Christ. C'est aussi la même racine que le verbe « advenir » et que le mot « aventure » !
L'Avent est donc la période de la préparation à l'incarnation du Christ : c'est l'aventure qui doit advenir !
La période de l'Avent – les quatre semaines précédant Noël – représente un condensé de l'histoire de l'humanité avant l'incarnation de Jésus (ère préchristique). Elle symbolise aussi la période du Précurseur Jean le Baptiste.
L'Avent est également relié à Marie-Madeleine (née sous le signe du Sagittaire).

Première semaine de l'Avent : du 22 au 29 novembre.

- La volonté, les actes, le corps physique, tout ce qui est matériel. Être vigilant par rapport à tous ses actes et motivations. Ne pas se précipiter.
- Purifier l'attachement aux sens et au corps physique.
- Acquérir un pouvoir sur autrui ou se soumettre au pouvoir des autres = perdre sa liberté. Cultiver un vrai libre arbitre.
- Enfance : se lever et marcher (première année).

- Vertu à cultiver : le Courage ou la Force intérieure (Tarot de Marseille : Lame 11 « La Force ») – pour les Vertus, cf. *Vers une Nouvelle Éthique*, Céline & Pierre Lassalle, même éditeur.
- Astrologie : signe du Bélier et point de vue Idéaliste.

Deuxième semaine de l'Avent : du 29 novembre au 6/7 décembre.

- Le sentiment, les relations, les émotions. Être vigilant par rapport à ses relations : faire des choix relationnels, pardonner, respecter autrui, se faire respecter.
- Purifier l'attachement possessif ou relationnel. Laisser autrui respirer.
- Désir d'être pris en charge ou de prendre autrui en charge = fermer son cœur, irresponsabilité. Trouver une autre manière d'aider ou de soutenir sans prendre en charge.
- Enfance : parler (deuxième année).
- Vertu à cultiver : la Tempérance, la Modération (Tarot de Marseille : Lame 14 « Tempérance »).
- Astrologie : signe du Cancer et point de vue Matérialiste.

Troisième semaine de l'Avent : du 6/7 au 14 décembre.

- La pensée, les idées, les idéaux, les buts, le discernement, penser sa mission de vie. Être vigilant par rapport à ses buts et son idéal : ne pas se laisser dévier de sa « route ».
- Purifier la pensée de l'ignorance, de la naïveté et de l'illusion. Apprendre à se poser les bonnes questions.
- Prendre l'apparence pour la réalité (illusion, naïveté), ne plus penser (pas de réflexion) = perdre l'accès à la vérité, et à la réalité.
- Enfance : penser (troisième année).
- Vertu à cultiver : l'Équilibre, l'appréciation juste ou la Justice (Tarot de Marseille : Lame 8 « La Justice »).
- Astrologie : signe de la Balance et point de vue Réaliste.

Quatrième semaine de l'Avent : du 14 au 21 décembre.

- L'esprit individuel, le « Je », l'accès conscient au monde spirituel, le lien avec l'Ange et l'Âme Esprit. Le franchissement du seuil du monde spirituel (conscient ou subconscient).
- Purifier l'acte de l'inconscience, grâce à la conscience de soi et la présence d'esprit. Combattre ses automatismes et ses dogmes ou croyances.
- Céder à la facilité, « tiédeur », refus de prendre conscience de soi et de voir le mal en face (et de relever les défis de la vie) = inertie (faible volonté) et spiritophobie (peur et rejet du monde spirituel).
- Enfance : dire « Je » (troisième année suite).
- Vertu à cultiver : la Sagesse ou Prudence et la conscience de soi (Tarot de Marseille : Lame 9 « L'Hermite »).
- Astrologie : signe du Capricorne et point de vue Spiritualiste.

8 Décembre – **Immaculée Conception de la future Marie Artémisienne** (cf. *Artémis & Apollon*, déjà cité, pour découvrir le lien entre Marie et Artémis). Reliée à la virginité spirituelle et au Saint Esprit.

12 Décembre – **Naissance de Marie-Madeleine** (durant la troisième semaine de l'Avent dédiée à la pensée).

Chapitre 7

Les Saisons (2)
L'Hiver

Nous ne reviendrons pas sur les généralités concernant les êtres de la Nature, que nous avons vues au chapitre précédent. Nous allons donc vous présenter directement les êtres élémentaires que nous relions à la saison de l'hiver et à l'élément eau :

Les Ondines

Et aussi : Nymphes, Sirènes, Tritons, Nixes, Naïades, Néréides, Océanides, etc.
Ces êtres de la Nature vivent dans l'éther de son ou chimique (lié à l'élément eau).
« Ondine » (nom donné par Paracelse) vient du latin *Unda*, la vague.

Ces êtres des éléments de forme plutôt féminine, œuvrent au sein de tout ce qui est liquide, voire simplement humide. **Les Ondines aiment vivre à la frontière de l'eau et de l'air** (l'éther de son et l'éther de lumière), et c'est là que vous pouvez le mieux les entre-

voir. Leurs formes sont très mouvantes, changeantes, fluides, pas très définies (l'éther de son ou chimique est celui des échanges, des liens, des mutations…). Elles sont très rêveuses, et ce sont leurs rêves qui leur donnent leurs formes (qui sont souvent des formes de rêve, enchantant notamment le regard des hommes…!).
Elles sont particulièrement reliées aux Archanges.

Les Ondines, êtres de l'élément eau, sont très actives au printemps : elles s'occupent de la plante dès que celle-ci est sortie de terre ; elles tirent vers le haut la plante, poussée d'en bas par les Gnomes.

Elles tissent harmonieusement les tiges et les feuilles, dont les courbes ondulées et gracieuses leur ressemblent, en glissant autour de la plante pour lui donner sa forme. Elles représentent la chimie et les métamorphoses de la Nature, dans toute sa diversité.
Elles vivent dans les cours d'eau, les rivières, les cascades, les torrents, les cavités marines.
Leur forme supérieure est semblable à celle d'une femme, tandis que la partie inférieure de leur corps est indéterminée, comme des pans de tissus humides. Elles ont de longs cheveux qu'elles adorent coiffer. Elles sont très belles et très charmeuses, souvent nues ou vêtues de voiles, d'apparence gracile. Leurs mouvements sont très harmonieux. Leur taille, variable, peut être minuscule, ou atteindre la taille humaine. Elles ont des « reines » dont la tête est sertie d'étoiles. Elles aiment le Soleil. Très joueuses et vives, elles nagent vite. Elles se retirent parfois pour se reposer sous la surface des lacs, des rivières ou sous les cascades (qu'elles apprécient beaucoup).
On en trouve de toutes petites sur les gouttes d'eau …
Lorsqu'en se baignant, dans une mer très vivante ou un torrent, l'on se trouve saisi de joie et revivifié, il s'agit en réalité de l'exaltation bienheureuse des Ondines qui nous traverse !

Les Naïades (du grec *nâein*, couler, pour l'eau d'une fontaine) sont des Ondines habitant les sources et les fontaines. Elles

sont parfois assimilées aux Nymphes, car elles peuvent devenir puissantes.
Les Nixes (mythologie germanique) sont des Ondines des eaux mortes et stagnantes, tels des marais. Elles ont la réputation d'être maléfiques. Mais, n'oublions pas la responsabilité des humains qui, avec leurs pensées négatives, ensorcellent ces Ondines et les rendent mauvaises !
Il existe, malheureusement, de nombreux cas d'êtres de la Nature qui ont été rendus maléfiques par les pensées et désirs égoïstes humains (par exemple, les Trolls, ces « gnomes » géants qui créent des catastrophes climatiques !)

Les Nymphes (du latin *lympha*, eau, et du grec *nymphê*, à la fois « jeune fille » et « eau pure ») habitent les lacs, les fontaines ainsi que les eaux tranquilles. Elles sont les gardiennes des sources sacrées dans les forêts. Très belles, leur apparence est totalement humaine. Elles sont reliées à Vénus, expertes en enchantements, métaux magiques, pierres précieuses… Elles aiment se parer de belles coiffures, avec des perles ou des rubans dans les cheveux. Elles sont vives et joyeuses, mais très concentrées sur leur activité.
Selon leur responsabilité, ou niveau d'évolution, elles peuvent s'occuper d'un petit étang ou d'un grand lac, voire d'une forêt où se trouve un grand lac (ou plusieurs) !
À l'époque où l'être humain était encore clairvoyant, il n'était pas rare qu'une Nymphe séduise un homme, un beau chevalier, par exemple. Elles disposent d'une grande puissance et d'un grand rayonnement. Les plus évoluées d'entre elles peuvent devenir un Ange de région ou d'un paysage. Ces êtres sont alors plus sages et plus puissants que n'importe quel humain.
Nous en avons rencontré certaines en France, en Suisse et au Québec qui étaient de précieuses alliées pour la Déesse Natura, de par leur grande sagesse et leur rayonnement. Elles étaient, de surcroît, très belles.

Sous les nénuph
14.04.13

Ondine

En rondes dans l'eau
L'Ondine en écoute
Mesure les flots,
Orchestrant les gouttes
En coulé dansé,
Exploits d'harmonie,
Résonnent en rosées
Ses notes imparties.

L'Ondine en écoute
Orchestrant les gouttes,
En rondes dans l'eau
Mesure les flots,
Exploits d'harmonie,
Ses notes imparties,
En coulé dansé,
Résonnent en rosées.

En rondes des flots,
L'Ondine en ses gouttes
Mesure dans l'eau,
Orchestrant l'écoute

En dansé coulé,
Exploits impartis,

Résonne en rosées
Sa note : Harmonie.

Céline Océana

Les Sirènes (du grec *seiren*, celles qui enchantent ou séduisent, dérivé du phénicien *sir*, chant) vivent dans la mer, et leur chant est bien connu pour avoir envoûté plus d'un marin ! Elles ont une tête et un buste de femme et le bas de leur corps, changeant et fluide, est souvent perçu comme une queue de poisson (ce qui n'est pas forcément une réalité, mais plutôt le reflet d'une instabilité et aussi d'une fluidité accrue dans le bas de leur corps)… Elles ont besoin de la combinaison de l'air avec l'eau pour survivre. D'ailleurs, à l'origine et selon la mythologie grecque, les sirènes étaient moitié femme et moitié oiseau (d'où l'association de l'eau et de l'air !). Elles étaient liées avec Aphrodite. Les Sirènes, très fières de leur chant, auraient défié les Muses ; mais, elles ont « perdu » et les Muses leur auraient ôté leurs plumes pour s'en orner la tête, en se tressant des couronnes ! Elles se plaisent dans les brises marines. On peut les percevoir se reposant au soleil couchant, alanguies sur les rochers à fleur de mer… Les nuits de pleine Lune, on les perçoit aussi dans le chemin d'argent de la lumière lunaire… Certains types de sirènes minuscules et éphémères, vivent dans l'écume des vagues, résultat de leur exaltation joyeuse quand l'eau rencontre l'air, ou la terre.

Les Néréides (du grec *néein*, nager) et les Océanides sont de puissants êtres féminins, également liées à Vénus ainsi qu'à Neptune (ou Poséidon, dans la mythologie grecque). Elles habitent les grottes sous-marines et peuvent atteindre de grandes profondeurs. Il s'agit d'une hiérarchie supérieure d'êtres des éléments, portant couronnes d'étoiles autour de la tête. Les Tritons sont leurs équivalents masculins (et parfois celui des Sirènes !). Ils personnifient les rugissements de la mer. Tous ont un corps de type humain, terminé par une sorte de queue de poisson allongée. Ils connaissent les secrets et les trésors perdus en mer du passé.

Dans les grandes profondeurs marines habitent de gigantesques monstres qui ressemblent à des poissons, et qui remontent parfois au-dessus de la surface. Ce sont eux qui ont fait naître les légendes (comme celle du monstre du Loch Ness en Écosse !).

L'hiver et le passé postchristique

Nous avons vu au chapitre précédent que l'automne représentait le lointain passé préchristique, c'est-à-dire le passé ayant plus de deux mille ans !
Cette fois, avec la saison de l'hiver, nous allons découvrir un passé plus récent : le passé postchristique, à savoir celui des deux mille dernières années.
Ainsi, chaque année, pendant la période hivernale, vous traversez un passé plus récent que vous devez mettre à jour.

Qu'est-ce que cela signifie-t-il ?

Il ne s'agit plus ici de vous débarrasser de forces négatives ou de comportements mauvais qui n'ont rien à faire avec vous, mais plutôt : soit de certains aspects de vous-mêmes que vous avez ignorés jusque-là (pour toutes sortes de raisons conscientes ou subconscientes), soit d'autres aspects de vous-mêmes que vous n'utilisez pas correctement (en d'autres termes, soit ils sont déviés de leur vraie course, soit ils sont carrément rejetés ou niés).

Afin que vous compreniez bien la différence entre l'automne et l'hiver, retenez ceci :

- Durant l'automne, vous devez vous débarrasser d'un passé qui ne vous correspond pas (ou plus), et qui ne vous appartient pas (qui n'est pas de votre nature) ; par exemple, quelque chose qui vous a été imposé.

- Durant l'hiver, vous devez développer ou améliorer ou transformer certains éléments qui vous appartiennent en propre, mais qui jusque-là n'étaient pas encore cultivés, afin d'exprimer tout leur potentiel.

Notez qu'il existe deux périodes assez semblables entre l'automne et l'hiver : l'une se situe en novembre (mois du signe astrologique du Scorpion), et l'autre en février (mois du signe astrologique du Verseau). En astrologie, il est enseigné que les signes du Scorpion et du Verseau sont en parallèle. Cela signifie que, si l'on place le premier degré du signe du Capricorne tout en haut, au zénith en quelque sorte, eh bien les signes du Scorpion et du Verseau se feront parfaitement face.

À quoi cela correspond-il ?

Beaucoup de chercheurs et psychologues ont remarqué que les gens ressentaient souvent une sorte de dépression ou une grande fatigue inexpliquée, soit en novembre, soit en février, voire à ces deux périodes.
La réponse est, d'une part, astrologique, avec les deux signes « en parallèle » du Scorpion et du Verseau, et, d'autre part, ceci est dû à l'expansion ou à la contraction de l'aura de la Terre.

Vers la fin octobre, en effet, au moment où le soleil entre en Scorpion, l'aura de la Terre, en pleine contraction, quitte la zone de la sphère solaire pour entrer dans celle de Vénus. Pour l'être humain, au niveau subconscient, ce fait est vécu comme une sorte d'abandon (surtout si nous l'associons au fait que la Nature meure à ce même moment de l'année.).
Ainsi, l'être humain expérimente une sorte de dépression, ou encore, une sorte de « chute intérieure » !
Ce n'est pas le bon moment, car il devrait, au contraire, faire preuve de vigilance et de courage, afin de voir son mal en face et lui résister. S'il ne le fait pas et se laisse entraîner par cet « abandon » et cette dépression ou « chute » intérieure, alors ce qu'il n'aura pas vu ni transformé prendra de la force dans son subconscient… et cela finira par l'inquiéter sérieusement… ce qui augmentera nettement son insécurité. Tout ceci demeurant sous le seuil de la conscience.

Ce principe participe au fait que, plus nous avançons vers la fin de l'année, et plus les êtres humains sont insécurisés, et cherchent donc à fuir par tous les moyens: ils s'agitent, courent partout, et ne font rien d'important.
La raison en est qu'ils refusent de se confronter à leur mal (manques, défauts, mensonges, égoïsme, etc.), et celui-ci « remonte » pendant l'automne, jusqu'à affleurer la conscience vers la fin de l'année. Et tout se termine durant les fêtes de fin d'année, dans une orgie de désirs égoïstes, de passions et de délire collectif.

Quant à la période de février, les mêmes chercheurs et psychologues s'interrogent sur le phénomène dépressif, se reproduisant à l'identique.
C'est le même processus, mais en sens inverse, ce qui veut dire que l'aura de la Terre, qui vient d'entamer son expansion, traverse de nouveau la sphère de Vénus, avant d'entrer dans celle du Soleil.
L'être humain ne le sait pas, mais il devrait se préparer à retrouver le Soleil, en se purifiant, comme déjà évoqué plus haut, afin de renforcer sa lumière intérieure et s'ouvrir au futur (le Soleil transite le signe du Verseau à cette période de l'année). Si l'humain ne fait rien de spécial, il risque de se sentir démuni, faible, éprouvant des difficultés à maintenir son équilibre psychique.
Il peut alors « chuter » de nouveau et vivre une sorte de dépression. Souvent ces gens n'en peuvent plus de l'hiver, sont en déficit de lumière et dépriment.

Pour éviter les risques dépressifs ou les mini-chutes de ces deux périodes, **la solution est simple: elle réside dans la pratique des fêtes sacrées et de leurs exercices**.
Ceci vaut d'être expliqué, pour aider le lecteur à comprendre que le cycle de l'année contient une profonde sagesse qui permettrait à l'être humain de mieux saisir sa vie, de la maîtriser, et ainsi de se révéler dans les meilleures conditions.

Gabriel : l'Archange de l'Annonciation

L'Archange de l'hiver est Gabriel dont le nom signifie « Force divine » !

Il est très connu et a également plusieurs « casquettes » :

Il s'occupe de la saison de l'hiver qu'il régit six mois par an. C'est lui qui fait que l'hiver est l'hiver.

Certains n'aiment pas trop cette période de l'année, mais un petit peu d'hiver est nécessaire : en effet, **c'est l'ensemble des quatre saisons qui nous donne la chance de vivre de manière harmonieuse et équilibrée**. Lorsque, dans certaines régions de la Terre, seules deux saisons existent, par exemple, il est alors plus difficile de trouver un équilibre et de s'épanouir pleinement.

Nous sommes donc chanceux de vivre sous des latitudes avec quatre saisons bien distinctes, car l'ensemble crée une synthèse, une harmonie, qui nous permet de nous révéler à tous les niveaux de notre être. Rappelez-vous les quatre éléments constitutifs de la matière, avec leurs quatre éthers, véritables « briques » du vivant (et les quatre tempéraments qui en découlent chez l'être humain).

La période hivernale dispose aussi de belles qualités que nous vous invitons à découvrir :

Sachez, par exemple, que **c'est en hiver que nous disposons des plus grandes capacités pour nous concentrer et réfléchir**. Par conséquent, lorsque nous voulons créer un projet, si nous nous sentons inspirés, mais si nous ne savons pas comment structurer nos idées, alors il est bon de nous y prendre l'hiver : c'est à cette saison que nous pourrons au mieux structurer nos pensées, nos idées, et donc préparer notre projet, afin qu'il soit ensuite manifesté au printemps, ou en été.

L'hiver est aussi la période idéale pour apprendre à méditer, surtout si nous n'avons jamais essayé, ou si nous y arrivons difficilement : en effet, comme il est plus aisé de se concentrer en hiver, la méditation paraît plus « facile ».

Profitez-en pour réaliser quelques progrès qui vous donneront le moral (et vous éviteront la mini-chute de février !).

Durant l'hiver, Gabriel incite l'être humain à se responsabiliser, à cultiver son pouvoir lunaire[1].

Gabriel travaille également à l'intérieur de l'être humain sur les processus de la nutrition, et avec tout ce qui « nourrit » l'individu, comme nous l'avons déjà vu.

Il est connu pour être celui qui supervise ceux que l'on appelle les « Anges des naissances » ou « Anges Mariaux », les Anges reliés à Marie.
Chacun connaît cette célèbre représentation, réalisée par de nombreux peintres, qui s'appelle « l'Annonciation », faite à Marie par l'Archange Gabriel : il lui apporte le fameux lys (représentant sa pureté), et lui annonce qu'elle est enceinte du futur Enfant Jésus. Ceci représente le grand archétype de ce qui a toujours existé, qui existe encore, et qui concerne ceux que l'on appelle les Anges des naissances.
En effet, normalement, chaque femme enceinte vit cette Annonciation : un serviteur de Gabriel se présente à elle, lui annonce qu'elle attend un enfant, puis lui donne le prénom du futur né. Ceci explique que parfois, sans trop savoir pourquoi, certaines mères enceintes « entendent » le prénom qu'elles doivent donner à leur enfant… Eh oui, un prénom est porteur de qualités et de défis en accord avec ce que l'être qui s'incarne a choisi d'expérimenter sur la Terre[2].
Bien entendu, à notre époque matérialiste, où nous sommes très coupés du monde spirituel, nous ne le captons plus ; mais dans l'Antiquité, les femmes voyaient et rencontraient cet Ange. Dans le futur cette capacité reviendra…

1. cf. *Artémis & Apollon*, déjà cité.
2. cf. *Numérologie Sophianique*, déjà cité.

Sachez qu'aujourd'hui, même si nous sommes très coupés du monde spirituel, si nous apprenons à méditer et à nous relier à lui, ceci peut redevenir possible dès cette vie; il n'est donc pas nécessaire d'attendre le futur où ce sera redevenu « naturel ».

L'Ange de naissance ne fait pas qu'« annoncer »: **il s'occupe de tout le processus de la naissance, processus de neuf mois**, que même les plus grands scientifiques ont beaucoup de mal à expliquer. Ils en développent un aspect très extérieur, mais en réalité, ils ne comprennent pas ce mystère de la naissance: comment une femme peut-elle tout à coup, sous prétexte qu'elle est enceinte, accomplir une chose aussi merveilleuse que de donner naissance à un enfant ?! En réalité, c'est grâce aux Anges des naissances: pendant toute la grossesse, ils s'occupent de la période de gestation, pour faire en sorte que l'enfant puisse venir au monde dans les meilleures conditions.
Tous ces processus, que les scientifiques ne savent expliquer, sont réalisés dans le monde suprasensible, invisible, par cette catégorie d'Anges gabriéliques.

Et puis, **Gabriel est un défenseur du féminin sacré**. Son lien avec Marie, comme nous pouvons l'admirer dans les multiples œuvres d'art révélant l'Annonciation, souligne son attrait pour la pureté, la virginité, le plus beau du féminin.

Et pourquoi a-t-il besoin d'être si fort, s'il ne fait qu'admirer le beau féminin?

C'est tout simplement car **il veut protéger ce féminin sacré contre les forces maléfiques qui veulent le « dévorer »** (comme nous le voyons dans notre société matérialiste et ultralibérale qui manipule la femme, la réduisant à un objet de convoitise !).
Pendant l'hiver, tout individu peut franchir le seuil du monde spirituel beaucoup plus facilement que le reste de l'année. Et Gabriel montre cette possibilité: il est possible d'accéder à votre Ange gardien durant

l'hiver, afin qu'il vous « annonce » toutes sortes de vérités ou des connaissances importantes pour vous.
Accéder au monde spirituel, intérieurement, par la méditation, est un acte libre et sacré, dont le féminin peut prendre soin.

Gabriel incite les femmes à se souvenir du divin...
à ouvrir leur cœur, afin d'y faire naître l'enfant spirituel,
ou encore, à accoucher d'elles-mêmes.
En définitive, la véritable spiritualité ne consiste-t-elle pas
à accoucher de soi-même ?!

Gabriel

O Toi, Gabriel, de l'Hiver invincible champion,
Fort à tes côtés je te tends tous mes efforts en dons.

Plié son genou, pliés ses genoux.
Fermement ses poings, fermement ses mains
À ce point serrés, en force concentrée,
À n'en jamais, non point, jamais lâcher,
Le colossal, de sa charge, monumental,
Choisi pour devoir, et intense pouvoir :
Qu'étau infernal, quêtant le pire mal,
Fût distant tenu, par force absolue.
Ainsi en est-il, qu'ainsi naisse-t-Il.

Inépuisable et résolu, que molosse enragé se tût,
Divines astreintes siennes restent clefs de ses chaînes.
Du Roy du Ciel il est, sous cape, adoubé le guerrier,
Consacrant de son entier le pouvoir de l'immaculé.

L'amour,
Sujet de profonde ère, trouve en l'eau sa terre,
Matriciel écrin pour le trône de son bien.
Purgeant tous les sangs, du pur traversés étant,
O, permet que vive, Gabriel, et s'édifie sur l'autel
La mémoire du futur, impulsant formes sûres.

Nourri par la mère, qui de prudence éclaire
Le cœur de la terre où le Soleil est père,
Il est. Éternel héritier, du renouveau d'aimer.
Oui, par l'instauré sacré,
L'agneau est bien protégé.

Céline Océana

Gabriel et la Numérologie Sophianique

Le Nom de Gabriel donne 36/9 en numérologie.

G A B R I E L
7 1 2 9 9 5 3 = 36/9

Le Nombre 9, de haute vibration, est celui de la fraternité, de l'universalité, de la créativité inspirée, du service « à plus grand que soi ». Le service au divin de Gabriel se voit par le fait que son Nombre est 36/9, c'est-à-dire le 3, puis le 6 (ou deux fois 3), et enfin le 9 (ou trois fois 3) ! Le Nombre 3 est celui de la Trinité et aussi de la créativité. Le Nombre 6 est celui de Vénus, de l'amour et du service. Et le Nombre 9 est une sorte de « multiplication » du 3, à savoir un fantastique pouvoir créateur, dans un sens universel.

Le Nombre Intime (total des voyelles) de Gabriel donne 15/6 qui est le Nombre de la Déesse Anaël (ou Vénus), et qui souligne l'importance du féminin, de l'amour et de la beauté pour Gabriel.
Le Nombre de Réalisation (total des consonnes) de Gabriel donne 21/3 qui est le Nombre de l'Éternel Féminin au service de la Trinité. Comme nous le verrons, c'est aussi le Nombre du nom de la Déesse Natura !
Gabriel souhaite que le Féminin sacré se manifeste sur la Terre.

La première lettre de son nom est un G dont le Nombre est un 7.
La lettre G comme Graal, a toujours été une lettre mystérieuse, car elle porte en elle des secrets accessibles seulement à l'Initié et aux gardiens des Mystères.
Le G est toujours prêt pour la « guerre sacrée », la vraie, où il s'agit de combattre le mal en soi, et non des ennemis extérieurs. C'est pour cette raison que Gabriel a besoin de force.
Le Nombre 7 est celui de la Sagesse, de la Sophia, la reine du Ciel et la parèdre du Christ, que Gabriel sert avec ferveur !

Et bien sûr, comme nous le verrons ci-après, il existe un lien puissant avec Marie, dont le nom s'écrit 28/10/1

M A R I E
4 1 9 9 5 = 28/10/1

Le Nombre 28 s'écrit avec un 2 (le féminin) et un 8 (le Christ et la maîtrise). Le 28 signifie donc le vrai féminin au service du Christ, grâce à la maîtrise de soi, qui mène à la perfection, à la pureté, avec le 10/1, où le Nombre 1 (l'individualité, l'esprit, le créateur) est porté à sa pleine puissance (le 10).
Notez également que le Nombre 10 était appelé la « Tétraktys » ou le nombre complet par Pythagore : il est l'association des quatre premiers Nombres, et forme le triangle équilatéral « de côté quatre » (quatre points à la base, puis trois au-dessus, puis encore deux, et enfin un seul point en haut, forment bien un triangle équilatéral).
La Tétraktys est donc l'association du 1 (le Père créateur, source de toute chose), du 2 (la Mère divine ou Mère de la Vie, le Saint Esprit), le 3 (le Fils ou Verbe), et le 4 (la Matière et la manifestation) : 1 + 2 + 3 + 4 = 10 !
Marie s'écrivant 28/10/1 est la pleine manifestation du beau féminin au service du divin, afin que l'esprit humain se révèle dans toute sa splendeur, dans le but d'être à la ressemblance du Christ, Dieu le Fils.

Marie et Gabriel

C'est à Marie que Gabriel a annoncé la « bonne nouvelle » !
Il existe un lien entre ces deux êtres que nous allons explorer quelque peu.
Il faut savoir que dans le passé préchristique, il existait une Déesse de la Lune, connue, notamment chez les Grecs, sous le nom d'Artémis[1]. Alors que dans les derniers siècles préchristiques les forces lunaires-terrestres devenaient corrompues, la Déesse Artémis a œuvré à sauvegarder les vertus lunaires pour le futur de l'humanité.

1. cf. *Artémis & Apollon*, déjà cité.

C'est ce qui explique sa grande quête de virginité, à une époque où une certaine décadence se répandait, due à la perte progressive de la clairvoyance atavique.
Aujourd'hui encore, nous pouvons être emplis de gratitude pour la Déesse Artémis qui a préservé pour nous la possibilité d'expérimenter les forces lunaires (et le pouvoir lunaire) d'une manière juste et équilibrée.

Comme nous l'avons déjà révélé[1], la Déesse Artémis a préparé l'incarnation de Marie. En quelque sorte, nous pourrions dire qu'Artémis a transmis son flambeau à Marie, une humaine qui devait la remplacer, en tant que « déesse lunaire » ou représentante sur la Terre de ce que ces forces lunaires ou gabriéliques symbolisaient.
La Venue du Christ a apporté une véritable révolution aussi bien dans le Ciel que sur la Terre !
Ainsi, certaines missions remplies jusqu'à présent par des dieux et des déesses ont été prises en charge par des humains !
C'est dans cet état d'esprit qu'il vous faut comprendre le fait qu'Artémis, une déesse qui ne s'incarnait donc pas, a légué sa place à une humaine, qui s'incarnait : Marie !

De nos jours, nous pouvons considérer Marie en tant que « déesse lunaire », d'un certain point de vue, et également en tant que représentante de **« la femme vêtue de soleil », qui n'est autre que la Sophia !**

Il est également possible d'établir un lien entre la déesse Isis et Marie, puisque la déesse égyptienne Isis, donnant naissance à Horus, préfigurait Marie et l'enfant Jésus, de même que la déesse Isis représentait la « femme vêtue de soleil » préchristique.
De nos jours, elle est devenue Isis-Sophia, la déesse la plus importante pour le christianisme ésotérique.
Et il y a un peu plus de deux mille ans, c'était elle, sous le nom d'Artémis qui préparait Marie !

1. cf. *Artémis & Apollon*, déjà cité.

Les fêtes sacrées de l'hiver

Nous vous proposons de détailler la sagesse des fêtes sacrées de l'hiver, et de vous donner quelques exercices qui vous permettront de les vivre au mieux. Ces exercices demandent réflexion, méditation, voire un travail intérieur. Vous pouvez lire le texte une première fois, afin d'en prendre connaissance. Ensuite, il vous demandera des efforts de compréhensions. En effet, ce sont des exercices visant à vous « plonger » dans l'atmosphère de la fête sacrée en question. Ils vous proposeront d'effectuer des recherches, et d'accomplir certains actes dans votre vie. Cela vous aidera à instaurer un rythme à votre mode de vie, en accord ou en harmonie avec la Nature.
Ces exercices des fêtes sacrées font partie intégrante de ce que nous appelons l'écosophie, et ils peuvent contribuer à un plus grand respect de la Nature, et même à lui offrir des forces de régénération et de guérison. Ils sont donc essentiels, à la fois pour l'humain et pour la Nature, dans un vœu de collaboration… et de préparation du futur…

22 Décembre - **Solstice d'hiver – Le Soleil entre dans le signe astrologique du Capricorne, début de la saison d'hiver, entité régente**: Archange Gabriel (« Dieu est ma Force »).

24 Décembre - **Jour d'Adam et Ève**: cette fête fait référence aux origines de l'humanité. Entre le 24 et le 25 décembre, c'est un passage qui est proposé à l'humanité: soit demeurer dans la « Chute » antique, soit entrer dans le futur !

25 Décembre - **Noël**: **Naissance de Jésus** (apollonien – cf. *Artémis & Apollon* pour en savoir plus sur cette appellation), ramenant des forces de guérison dans son corps éthérique pur, dont le Christ se servira pour Sa Résurrection. Symbolise les forces d'innocence, de vie et d'amour. Adoration des Bergers qui ont cultivé un cœur pur, ce qui leur permet de voir Dieu (analogie: sixième Béatitude). Naissance

de l'Enfant Innocent/Christ dans le cœur spirituel. Se relier à Christ en soi (Impulsion christique). Fête de l'Amour du Cœur. Ce qui est né à Noël doit se révéler à Pâques. Renaissance de la Lumière, les jours commencent à rallonger.
La fête de Noël est celle de la naissance (en analogie avec la première Initiation).
Rappelons-nous la phrase d'Angelus Silesius (Johannes Scheffler, 1624-1677) : « *Christ serait-il mille fois né à Bethléem, et non en toi, tu restes perdu à tout jamais.* » (Le Pèlerin Chérubinique - distique 61).
Ou celle de Novalis (1772-1801) : « *Pour nous c'est un Dieu ; lui se sent enfant. Il nous aime tous du fond du cœur.* » (Cantique spirituel XII).

Noël est relié aux forces créatrices enfantines que le Jésus apollonien a rapportées du monde spirituel.
C'est une fête également reliée à Widar, l'Archange des forces enfantines, qui permet le développement de la clairvoyance consciente ou solaire, en opposition aux forces maléfiques qui octroient les vieilles forces ataviques de voyance, de médiumnité et de *channeling*.

L'Imagination de Noël : La Vierge et l'Enfant

Comme support-image vous pouvez utiliser une reproduction de l'œuvre de Raphaël (1483-1520) intitulée « La Vierge Sixtine » ou de celle de Bouguereau W-A. (1825-1905) intitulée « La Vierge avec les Anges ».
Ces deux œuvres représentent la Vierge ou Céleste Marie avec l'Enfant Jésus apollonien dans le monde spirituel (l'œuvre de Raphaël ajoute des personnages qui peuvent être « soustraits » pour la contemplation).
On peut considérer trois « parties » dans cette Imagination (ou image spirituelle) :

1. *La Céleste Marie* ou Vierge artémisienne ou nathanéenne (de la lignée de Nathan, celle de Luc, née en Galilée, blonde et fragile, dont la couleur symbolique est le rose) représentant le courant de l'amour.

2. *L'Enfant Jésus* apollonien (celui de Luc qui ne s'était encore jamais incarné) représentant les forces enfantines ou de rajeunissement de la vie éternelle.
3. *Le monde spirituel* symbolisé par les Anges et les étoiles entourant la tête de la Vierge, rappelant l'Imagination de l'Apocalypse de Jean (chapitre 12, déjà mentionné). La Vierge et l'Enfant sont considérés comme des êtres davantage spirituels que terrestres. De plus, leur incarnation résulte d'une collaboration avec le monde angélique. Enfin, c'est la « bonne nouvelle » ou ce que les Anges ont de « bon » à dire (définition du mot « évangile »).

Ainsi, la nuit de Noël, nous franchissons le seuil du monde spirituel et nous communions avec lui. Nous nous souvenons de nos liens avec notre Âme céleste (ou Moi supérieur) et notre Ange.

***25 Décembre au 5 Janvier* - Les 12 Nuits Saintes** : *préfigurent le nouveau cycle de l'année à venir (1 jour = 1 mois). Correspond au parcours de Jésus au Christ. Chaque nuit (du 25 décembre au soir au 5 janvier au soir) correspond à un signe du Zodiaque, des Poissons au Bélier (dans le sens rétrograde), ainsi qu'à une catégorie d'entités spirituelles.*

Chaque jour, au coucher du Soleil (moment de la journée où commence l'influence astrale-spirituelle en question), on peut méditer sur une phrase symbolisant la Nuit Sainte en question.
Vous pouvez également vous inspirer des lignes ci-après ou faire vos propres recherches chez d'autres auteurs. C'est une période très importante dans le cours de l'année. De plus, c'est un moment favorable à la méditation et à la réflexion : ce serait dommage de s'en priver.

***25 Décembre au soir* : signe des Poissons (l'Humanité)** : Nuit Sainte liée avec le retournement de la pensée (metanoïa), la vie intérieure spirituelle, le choix radical entre la « chute » infinie jusque dans l'abîme des ténèbres ou le redressement radical, afin d'entrer en relation consciente avec le monde spirituel. Ce choix radical et définitif doit se faire pour chaque individu entre le XXIe et le XXVIe siècle.

J'emplis ma pensée de vie spirituelle.

26 Décembre au soir : signe du Verseau (les Anges) : Nuit Sainte liée avec le futur, à l'ère du Verseau à venir (à partir du 26/27ème siècles), et à une nouvelle relation avec l'Ange gardien : la collaboration, afin de préparer l'avenir avec lui.

Je collabore avec mon Ange pour bâtir le futur.

27 Décembre au soir : signe du Capricorne (les Archanges) : Nuit Sainte liée avec l'évolution spirituelle, l'échange et le partage entre tous les « Jean » et tous les peuples : cosmopolitisme débouchant sur la fraternité. Importance de la parole.

J'écoute le Verbe intérieur.

28 Décembre au soir : signe du Sagittaire (les Archées) : Nuit Sainte liée avec la maîtrise de la nature animale, et la concentration sur un haut idéal spirituel. Donner du sens à sa vie. Vaincre le « gagne-petit » et vivre dans la dignité.

J'agis selon mon haut idéal spirituel.

29 Décembre au soir : signe de l'Aigle/Scorpion (les Esprits de la Forme & de la Beauté) : Nuit Sainte liée avec l'acceptation de voir le mal en face et de lui résister. Confrontation avec son dragon intérieur (ou son ego).

Je vois le mal, je lui résiste et je le transforme.

30 Décembre au soir : signe de la Balance (les Esprits du Mouvement ou de la Valeur Morale ou Vertus) : Nuit Sainte liée avec le fait de se construire une base vertueuse aux trois niveaux de l'être : pensée, sentiment (relations) et volonté (actes).

Je cultive des Vertus dans mon cœur.

***31 Décembre au soir:* signe de la Vierge (les Esprits de la Sagesse et de la Joie)** : Nuit Sainte liée avec la Sagesse éternelle dont chaque être humain doit acquérir, au moins, une petite partie, grâce à ses efforts de pensée libre, et sa vie intérieure spirituelle (cf. le Nouveau Culte Marial ou Sophianique in *Parler le Langage des Anges*, déjà cité).

Je ressuscite la Sagesse dans mon cœur.

***1er Janvier au soir*: signe du Lion (les Trônes ou Esprits de la Volonté divine)** : Nuit Sainte liée avec les actes de Foi accomplis en associant sa pensée à sa volonté, afin d'agir ce que l'on pense : ceci crée des bases sur lesquelles s'appuyer.

Je construis les fondations de ma foi.

***2 Janvier au soir*: signe du Cancer (les Chérubins ou Esprits de l'Harmonie)** : Nuit Sainte liée avec le vœu de l'équilibre, du juste milieu, d'une juste synthèse de ses actes, afin d'apporter le spirituel jusque dans la matière : partout où « Je suis », je crée l'harmonie autour de moi.

J'incarne l'harmonie pour le plus grand bien de tous.

***3 Janvier au soir*: signe des Gémeaux (les Séraphins ou les Esprits de l'Amour divin)** : Nuit Sainte liée avec l'expression de l'Amour le plus pur : l'amour vertueux, la Vertu du sacrifice, le don de soi.

J'exprime mon feu d'amour créateur.

***4 Janvier au soir*: signe du Taureau (l'Esprit Saint ou la Mère de la Vie)** : Nuit Sainte liée avec toutes les valeurs de l'Esprit Saint ou la Mère divine ou encore la Mère de la Vie : le don de l'esprit vivant, le don de la vie, l'amour pur, l'intuition véritable, la félicité, la fraternité, la Sagesse.

Je suis l'esprit sincère qui donne et s'ouvre aux autres.

***5 Janvier au soir*: signe du Bélier (le Fils ou le Verbe)** : Nuit Sainte liée avec toutes les valeurs du Fils ou Verbe, qui devint le Christ une fois incarné : c'est la conscience force qui rayonne l'amour et la victoire sur l'humanité.

J'agis consciemment selon la Volonté du Père.

***6 Janvier* - Épiphanie : « *J'accueille Christ en moi* ».** Baptême dans le Jourdain : le Verbe Créateur, Dieu le Fils, S'incarne dans un corps de chair (celui de l'humain Jésus), pour que chacun révèle qui il est : un dieu. Expérience Initiatique pour Marie Salomonienne ou Royale (Mystère de la Renaissance virginale). **Fête de l'Amour** (période du périhélie : la Terre est au plus proche du Soleil).

« En ce jour, la Lumière d'Univers descendit des cieux,
Pour s'unir au courant des souffrances humaines.
La Colombe plana au-dessus du fleuve du temps,
Et le Verbe Créateur s'unit au corps de chair.
Le Père, source de toute bonté et de toute impulsion,
Sacrifia son Fils unique qu'Il nous confia.
Ainsi, le Dieu d'Amour et de Liberté se fit homme
Afin que chacun révèle ce qu'il est : un dieu. »

Pierre Uriel

1er Janvier - **fête de Marie : Nuit Sainte sous le signe de la Vierge (du 31/12 au 1er/1).**

6 Janvier - **Naissance de Jésus-Zoroastre** : le grand Initié (courant royal de la Sagesse) se réincarne et reçoit la visite des Mages-astrologues, porteurs de l'antique Sagesse, venant reconnaître leur guide (adoration des Mages). Fête de la christification de la Sagesse. Désormais les Sages chercheront Dieu (et les étoiles) dans le cœur de l'Homme : l'astrologie qui était sidérale et héliocentrique (aux temps préchristiques) devient tropicale et terrestre-humaine, car le Christ ou Dieu Solaire est maintenant descendu sur la Terre !

25 Janvier - **Conversion de Saint Paul** : « Expérience de Damas » ou Illumination christique de Saul qui devient Paul le Précurseur. Rencontre du Christ au troisième Ciel (sphère de Saturne). Préfigure la rencontre avec le Christ éthérique pour notre temps.

1er Février - **Fête de Sainte Brigit (fête sacrée d'Imbolc chez les Celtes)** : Brigit de Kildare (455-525), gardienne des puits et sainte patronne de Glastonbury (elle y dédia une chapelle à Marie-Madeleine en 488), où Joseph d'Arimathie apporta la Coupe du Graal.

2 Février - **Présentation au Temple du Jésus Apollonien** (40 jours après sa naissance) par la Vierge Marie Artémisienne : fête de la Chandeleur (« chandelle ») : on brûle un cierge en l'honneur de cet événement (vertu protectrice).

27 Février (du 25 au 27) – **Noces de Cana** : passage des liens du sang aux liens en Esprit. Le sang « transparent » (comme de l'eau) « familial » disparaît au profit du sang rouge et opaque de la Passion du Christ qui symbolise l'Individualisation et l'Amour. Nouvelle union entre Marie et le Christ, qui transforme l'eau en vin (les 6 jarres préfigurent l'Ère du Verseau qui est la sixième ère). Nouvelle expérience Initiatique pour Marie, dont le processus de l'Illumination est, en quelque sorte, pleinement accomplie.

Chapitre 8

Les Saisons (3)
Le Printemps

Nous ne reviendrons pas sur les généralités concernant les êtres de la Nature, que nous avons vues au chapitre 6.
Nous allons vous présenter directement les êtres des éléments que nous relions à la saison du printemps et à l'élément air :

Les Sylphes

Et aussi : les Elfes, les Dryades, les Fées, etc.
Ces êtres de la Nature vivent dans l'éther de Lumière.
« Sylphes », du latin *sylphus*, génie ; nom donné par Paracelse, signifie aussi « des bois ». On les appelle parfois « Sylvestres ».

Les Sylphes vivent dans la vibration de la lumière. Ils absorbent la lumière qui imprègne l'air et la rayonnent.
Leur nature est instable, fluide, très rapide.

Les Sylphes sont reliés aux Anges, à qui ils tentent de ressembler. Ils ont en général une tête d'apparence humaine et le reste du corps « ailé », avec des membres très allongés. Les Sylphes adorent les oiseaux, c'est pourquoi ils aiment imiter leurs formes. Ils inspirent les chants des oiseaux et leurs vols leur procurent une délicieuse musique spirituelle ; ils les assistent dans leurs migrations.

Ce sont des Sylphes qui façonnent les nuages et animent les vents (où ils deviennent comme des spirales ou des boules). Ces derniers sont généralement très grands et ressemblent davantage à des Anges qu'à des êtres de la Nature.

Les Sylphes sont responsables du moindre mouvement d'air. Nous leur devons le scintillement de la lumière dans les fleurs, les feuillages et sur l'eau, qui nous fait ressentir leur présence magique, même si nous ne les voyons pas.

Les Elfes – ou « fées des fleurs » – (du suédois *alv* ou de l'anglais *elf*) sont des petits êtres ailés jolis et gracieux, très fins, dont les membres inférieurs sont longs et pointus, ainsi que les oreilles. Leur taille varie entre 1 et 10 cm. Ils sont d'apparence féminine ou masculine selon la forme humaine qu'ils copient. Ils semblent souvent porter des tuniques courtes et légères, harmonisées avec la fleur dont ils s'occupent.
Les Elfes sont en perpétuel mouvement, très énergiques. Il leur arrive cependant de s'immobiliser. Ils sont excités par la lumière, synonyme pour eux de travail intense, et apaisés par l'obscurité, qui représentent leur repos. Ils aiment danser en rond en se donnant la main, autour de leurs fleurs, afin de les dynamiser.
En l'être humain, ils sont attirés par l'innocence (les enfants) et la sensibilité artistique.
Ces êtres s'occupent de l'épanouissement des fleurs. Leur rayon d'action s'étend jusqu'à la limite du parfum de la fleur. Ce parfum est l'expression de l'amour des Anges pour la Nature, qui est recueilli par les Elfes. Ils sont extrêmement affairés et concentrés sur leur

tâche. L'admiration sincère et innocente d'un être humain pour leur fleur les stimule dans leur tâche, mais le moindre sentiment impur ou égoïste de l'humain les trouble et les fait fuir (ceci se retraduit dans le rayonnement plus ou moins intense de la fleur, et même son éventuel dépérissement). Il faut donc approcher les fleurs avec la délicatesse du cœur, car les Elfes sont très sensibles.
Les fées des fleurs sont expertes dans la connaissance des vertus des plantes (elles aident les humains pour la connaissance des plantes médicinales et des élixirs floraux).
Leur reine est la Fée Flora.

Les Sylphes et les Elfes apportent la lumière/sagesse et l'amour aux plantes : la lumière devient couleur, l'amour devient parfum.
Avec la lumière, ils tissent la forme idéale (originelle) de la plante, se mêlant au travail des Ondines : les êtres de l'élément air travaillent à partir du haut dans l'éther de Lumière, alors que les Ondines travaillent à partir du bas de la plante dans l'éther de Son ou Chimique. Les fleurs, qui résultent du travail des Sylphes et des Elfes sont un peu comme les « ailes de la plante ».
À l'automne, les Sylphes recueillent la mémoire (l'image archétypale) de la plante alors qu'elle dépérit – mais avant qu'elle ne meure – et ils la confient aux Gnomes pendant l'hiver. Ces derniers conserveront cette « image » jusqu'à ce que la plante soit recréée vers la fin de l'hiver.

Les Génies des Arbres ou Dryades (du grec ancien *drus*, chêne) sont rattachés aux Sylphes. Ils sont souvent appelés des Nymphes des bois. Cependant toutes sortes d'êtres élémentaires travaillent aux arbres : des Gnomes d'arbre (plus grands que la moyenne des Gnomes), des Ondines (feuillage), des Elfes (fleurs) et des Salamandres (graines, glands, fruits)... Chaque arbre a sa Dryade. Ce sont des êtres de la nature plus évolués, très grands (prenant la forme de l'arbre dont ils s'occupent) et très puissants. Souvent, il est bon de faire une distinction entre une Hamadryade, un Génie de l'arbre uniquement « attaché » à un arbre précis, et une Dryade, un Génie plutôt du genre Nymphe pouvant s'éloigner de « son » arbre.

L'émerveillement d'Iris

ELFE

S'il vous sied, que soient déclos tous mes roses,

Ou par faveurs mes jaunes ou mes verts...

Je vous respire Ô grâces de Lumière,

Expire et inspire en parfaites doses,

Par danses, les couleurs de votre magie

Dont le beau resplendissant de victoires,

Offre aux jardins des jours et leurs soirs

Le parfum miraculeux de la Vie.

Céline Océana

Le printemps et le présent

Nous avons vu dans les deux précédents chapitres que l'automne représente le lointain passé préchristique, tandis que l'hiver met l'accent sur un passé plus récent, postchristique (celui des deux mille dernières années).
Le printemps, quant à lui, nous montre le présent, en d'autres termes le proche passé et le proche futur.

Qu'est-ce que signifie le fait que chaque année, lorsque c'est la saison printanière, nous expérimentons le présent ?

Alors que les saisons précédentes peuvent représenter la question existentielle : « D'où viens-je ? », avec ces deux étapes : préchristique et postchristique, **le printemps symbolise plutôt le « Qui suis-je ? ».** Et nous verrons que l'été qui nous ouvre vers le futur, souligne la question : « Où vais-je ? ».

Le printemps est la saison de l'air, et donc de la Lumière (éther de lumière).
La Lumière, c'est la conscience et l'identité de l'esprit individuel que nous sommes tous.
La quête de la Lumière est celle de la Vérité, et donc de la Liberté. C'est la raison pour laquelle c'est la saison reliée à l'Archange Raphaël, le « messager des dieux » incitant l'individu à entrer sur le sentier spirituel (voir plus loin).

La Lumière est également reliée à la pensée. Ce n'est pas le temps de nous voiler la face ou de regarder ailleurs, mais au contraire d'être bien présents à qui nous sommes et à ce que nous voulons agir.
Être et vivre dans le présent ne signifie pas fuir le passé et rejeter le futur, comme le mouvement « nouvel âge » nous le montre constamment.

Elle enseigne à ses adeptes du développement personnel de toujours demeurer dans le présent, comme si c'était une sorte de panacée universelle.
Toutefois, c'est aussi ce que la société matérialiste et ultralibérale nous recommande : nous vivons dans la société du marché économique, et nous devons nous comporter en consommateurs ! Or, nous ne pouvons pas acheter dans le passé... quant au futur, c'est trop loin ! Nous devons désirer dans le présent pour acheter maintenant, tout de suite !
Ainsi, cette soi-disant grande philosophie spirituelle de l'instant présent est avant tout une stratégie du désir inculquée au consommateur, afin qu'il ne s'évade pas de sa prison « dorée » !

En vérité, le « vrai » présent, c'est-à-dire l'état d'être et de vivre dans le présent, ne peut exister « dans la réalité » que s'il naît de la rencontre entre le passé qui vient de mourir en s'offrant en germe du futur. Le présent est une sorte de « juste milieu » entre le passé et le futur, ou également le résultat d'une vraie rencontre harmonieuse entre le passé et le futur.
Ainsi, le présent authentique du printemps résulte, en premier lieu, des leçons tirées du passé, impliquant certaines transformations (comme nous l'avons vu avec l'automne et l'hiver), et, en deuxième lieu, d'une ouverture au futur, avec un idéal et/ou un projet qui nous propulse vers l'avant.
Ainsi, les leçons tirées durant l'hiver, ainsi que la structuration de notre pensée pour préparer un projet, trouvent leur issue au cours du printemps où l'aboutissement du projet en question nous apporte de nouvelles perspectives d'avenir.
Le présent : oui ! À condition de le concevoir en tant que manifestation de notre expérience du passé (avec lequel nous sommes en paix), et en tant que germe pour le futur.
En somme, le présent du printemps est un « passage » entre l'expérience du passé et les semences du futur : or, n'est-ce pas la fête de Pâques qui se dresse tel un flambeau durant cette

saison ? Et Pâques ne signifie-t-il pas justement « passage » ?

Le printemps est donc une période idéale pour manifester sa créativité, à condition d'avoir préparé le terrain durant l'hiver, en structurant et ordonnant sa pensée.

Et c'est la phase annuelle du « Qui suis-je ? », où l'individu peut apprendre à mieux se connaître… et entrer sur un sentier spirituel. Alors, respirons à pleins poumons l'air du printemps… et avançons !

Raphaël : l'Archange de la guérison

L'Archange du printemps est Raphaël.
Les Romains l'appelaient Mercure – d'ailleurs les médecins ont pour symbole son caducée – et les Grecs l'appelaient aussi Hermès, considéré comme le père de la médecine. Notez que c'est le dieu solaire Apollon qui a offert le fameux caducée à Raphaël/Hermès/Mercure[1].
L'Archange Raphaël a donc plusieurs « casquettes » :
Il s'occupe de la saison du printemps dans les deux hémisphères, ce qui veut dire qu'il travaille non pas trois, mais six mois par an, rien que pour la saison du printemps.
Il s'occupe aussi de l'élément air, et il travaille à l'intérieur de l'être humain en s'occupant du système respiratoire (comme nous l'avons déjà vu).

D'autre part, **il est le Saint Patron des guérisseurs**. Il a sous ses ordres toute une cohorte d'Anges, que l'on appelle les « Anges guérisseurs », et qui travaillent aux côtés de tous ceux qui s'intéressent à la guérison. Ils peuvent entrer en contact avec toutes sortes de personnes dotées de dons pour guérir, et ce, dans un sens vaste : autant un médecin classique, qu'un individu sans diplôme dans le domaine,

1. cf. *Artémis & Apollon*, déjà cité.

mais possédant des dons pour transmettre une énergie particulière et aider des gens à guérir.
Ces Anges peuvent aider et inspirer à la fois celui qui joue le rôle de médecin, et celui qui est malade. Certains sont conscients que des Anges guérisseurs existent, tandis que d'autres non. Ceci n'empêche cependant pas qu'ils soient souvent inspirés par ces Anges... Toutes les grandes découvertes de la médecine – ou du domaine de la guérison, pour être plus vaste – viennent de l'Archange Raphaël (ou ses associés et serviteurs).
Raphaël est aussi l'entité spirituelle qui supervise le cheminement spirituel : il dirige les Anges qui encouragent les individus à entrer sur le sentier spirituel, qui les guident et les inspirent. Par exemple, les gens qui s'intéressent à la spiritualité et hésitent à se lancer, « *J'y vais, j'y vais pas ?* », peuvent attirer un Ange raphaélique, qui leur tournera autour : il cherchera à les guider ou améliorer à leur discernement, pour les aider à trouver leur voie, le cheminement spirituel qui leur convient.

Un autre travail de Raphaël consiste à s'occuper de ceux que l'on appelle les « Esprits de l'humour ». Lorsque tout va mal, parfois une petite inspiration nous parvient et tout bascule : on se détache de soi-même, on prend du recul par rapport à ce que l'on vit, et l'on arrive à se moquer de soi-même. C'est le rôle des Esprits de l'humour de nous aider à effectuer ce retournement magique ! Ils nous encouragent à prendre de la hauteur par rapport à nos épreuves, dans les périodes difficiles de la vie. Ainsi, plutôt que de nous regarder le nombril, et passer notre temps à nous plaindre, si nous sommes réceptifs à ces esprits, tout à coup, nous faisons une sorte de pirouette intérieure, et nous nous décollons de ce que nous vivons : nous voyons la vie autrement, des solutions apparaissent soudainement, et nous nous sortons de nos difficultés.
Ce rôle incombe aux Esprits de l'humour, qui sont aussi dirigés par ce grand être, qu'est l'Archange Raphaël.

Ainsi, il a sous ses ordres toutes sortes d'Anges, des millions de « petits Raphaël » pourrait-on dire, qui peuvent être à la fois des Anges gardiens, ou aussi des Anges s'occupant plus particulièrement de certaines connaissances spirituelles.
Raphaël est par conséquent une grande entité spirituelle, très occupée. Et, comme en ce moment beaucoup de gens veulent évoluer spirituellement et beaucoup d'autres sont aussi malades... il travaille 24 heures par jour ! Mais, il aime les défis, soyez-en certains !
Il est vrai que lorsque l'on est un Archange, on ne se tourne pas les ailes ! Cependant, tout comme les Anges, les Archanges ne vivent pas non plus dans des corps physiques, alors ils ne sont pas soumis au temps comme nous, pauvres mortels : c'est certainement un peu moins difficile pour eux...

Raphaël est souvent appelé Mercure (ou Hermès pour les Grecs ou encore Thot pour les Égyptiens) **le « messager des dieux » : ceci souligne son lien avec la Sagesse, donc la Sophia**.
Son intérêt pour la connaissance spirituelle s'associe à son souhait de voir l'humain progresser, évoluer, et devenir un dieu !
Enfin, son côté messager des dieux fait de lui **l'Archange de la véritable communication : celle de la rencontre face à face entre êtres humains, car ce n'est qu'ainsi qu'il devient possible de communier** (cf. *Le Nouveau Tarot de l'Individualisation*, même auteur, même éditeur, la carte de la Communication, avec une méthode raphaëlique).

En résumé, vous comprenez que **les relations représentent un domaine essentiel pour Raphaël**. D'ailleurs la respiration, son domaine de prédilection, est liée avec les échanges, le partage, et les relations.
Et le fait que c'est dans la respiration que se trouvent les forces de guérison donne à réfléchir sur l'importance de la vraie rencontre sacrée de l'autre.

Raphaël

O toi, du Printemps le rayonnant champion,
Allié à tes côtés j'offre efforts en dons.

« Je lève et visages éveille au vrai à contempler ;
La Sagesse est à nu, qu'osées questions soient posées.
Soupèses-tu en pétales les raisons des rosées,
Pour tes yeux, tels des pleurs manquant de s'écouler ?
Quel est, si lourd, le tourment qui aigrit ton guérir,
Rendant voilées tes couleurs voulant du nid sortir ?

Humain aimé, vois, entends ! Ouvre-toi à moi...
À tes fins, mes plumes sont lys, offertes à la voix.
Aussi, annonce et hume de ta lévité le choix,
Que vivent les grâces de ton cœur soignant nos joies.

Depuis ta source, connais ce qui grave comprend,
Inclus pour nos mets, le salut de ton repentir,
Et sages œuvres des dieux par tes créés honorant,
Permets que nos liens dans le vrai merci respirent.

Sagesse est maîtresse, et seule amie de tes phrasés,
Qui sans cesse alourdis, réclament voie purifiée ;
Répands-en la lumière, jusqu'en tes mains amusées,
Que tes prochains renaissent, à ta coupe consolés.

Nulle glace n'est, que l'amour ne peut désarmer.
Et à mon oreille bêle, nu, ce don du possible ;
Portes-en le message autant vertueux qu'audible,
Que s'expriment enfin, au cœur du reconnu sacré,
Les libérées promesses de l'Alliance espérée. »

Céline Océana

Raphaël et la Numérologie Sophianique

Le Nom de Raphaël donne 34/7 en numérologie.

R A P H A E L
9 1 7 8 1 5 3 = 34/7

Le Nombre 7, encore un Nombre de haute vibration, est celui de la Sagesse, de la Sophia, de l'évolution spirituelle, d'une certaine complétude ou harmonie, et par extension de la guérison, de la créativité inspirée.
C'est un nombre relié avec l'Esprit Saint ou la Mère divine. Et avec Neptune, en astrologie.
Avec le Nombre 34, nous voyons à la fois le 3 de la Trinité et de la créativité et le 4 de la matière et de la manifestation. Raphaël est celui qui unit le Ciel (3) et la Terre (4), afin d'incarner la Sagesse et l'harmonie (ou la guérison, puisque toute évolution spirituelle réelle mène à la complète guérison ou harmonie).

Le Nombre Intime (total des voyelles) de Raphaël donne 7, ce qui accentue son dévouement intérieur à la Sagesse et à la spiritualité manifestée (ou pratique).
Le Nombre de Réalisation (total des consonnes) de Raphaël donne 27/9, ce qui, par le 2 et le 7, met en valeur le féminin sacré (ou encore l'Esprit Saint ou la Mère de la Vie) et la quête spirituelle, dans un sens universel avec le Nombre 9, qui représente la créativité inspirée, le cosmopolitisme ou l'ouverture au futur.

La première lettre de son nom est un R dont le Nombre est un 9. Nous retrouvons cette dimension universelle, ouverte sur l'humanité et son futur, et sur le fait de faire sauter toutes les limites : le R est prêt pour la (R)évolution, et il veut œuvrer pour la Résurrection !
La lettre R montre un gros potentiel de richesses diverses, un grand intérêt pour autrui et une vision universelle de l'existence.

Avec ce R qui « ouvre » son nom, Raphaël veut aider l'être humain à révéler pleinement tous ses mystères intérieurs, et toutes ses capacités.

Les fêtes sacrées du printemps

Nous vous proposons de détailler la sagesse des fêtes sacrées du printemps, et de vous donner quelques exercices qui vous permettront de les vivre au mieux. Ces exercices demandent réflexion, méditation, voire un travail intérieur. Vous pouvez lire le texte une première fois, afin d'en prendre connaissance. Ensuite, il vous demandera des efforts de compréhensions. En effet, ce sont des exercices visant à vous « plonger » dans l'atmosphère de la fête sacrée en question. Ils vous proposeront d'effectuer des recherches, et d'accomplir certains actes dans votre vie. Cela vous aidera à instaurer un rythme à votre mode de vie, en accord ou en harmonie avec la Nature.
Ces exercices des fêtes sacrées font partie intégrante de ce que nous appelons l'écosophie, et ils peuvent contribuer à un plus grand respect de la Nature, et même à lui offrir des forces de régénération et de guérison.
Ils sont donc essentiels, à la fois pour l'humain et pour la Nature, dans un vœu de collaboration… et de préparation du futur…

***20 Mars* – Équinoxe du printemps – le Soleil entre dans le signe astrologique du Bélier, début de la saison du printemps, entité régente**: Archange Raphaël (« Dieu est guérison »).

***25 Mars* – L'Annonciation**: l'Archange Gabriel est venu annoncer à la Marie Artémisienne (lignée de Nathan) la naissance du Jésus Apollonien. Invite l'être humain à se souvenir de sa vocation virginale: engendrer l'enfant-Christ en soi, en ouvrant son cœur aux forces de l'Esprit Saint. Annonce l'aube d'une ère nouvelle. L'Annonciation est un Appel à l'Aventure. Fête de l'Héroïsme.

25 Mars – **Fête de Widar** : Annonciateur de la Venue de Jésus et du Christ. C'était lui l'Ange annonciateur aux bergers. Aujourd'hui, Archange protecteur des forces d'innocence, porteuses des capacités de la future humanité (clairvoyance consciente issue de l'association tête-cœur). Widar ou « celui du Bélier » dont le nom peut se traduire également par Ramael (« le Bélier au service des Élohim »). Nouvel Archange Solaire depuis la fin du XIXe siècle.

Mars/Avril – **Pâques, le « passage » (1er dimanche après la Pleine Lune du Bélier)** : Semaine Sainte : transformation de l'énergie des Sphères planétaires par le Christ. Passion, Crucifixion et Résurrection du Christ. Préfiguration du devenir de l'être humain. Fête de la Lumière.
Nous vous proposons une préparation à la fête de Pâques, car elle représente l'une des principales fêtes sacrées christiques du cours de l'année. Nous avons déjà vu la période de l'Avent pour préparer Noël, ou que nous pouvions également effectuer une préparation pour la fête de Michaël, alors de même en voici une pour la Semaine Sainte de Pâques.
Pâques s'adressant à la pensée (comme Noël au cœur), puisque c'est la fête de la Lumière, il est essentiel d'étudier ce qui s'est passé durant cette semaine incroyable où le Christ a agi, chaque jour de la semaine d'une manière étonnante, comme s'Il « jouait » avec des forces occultes, invisibles au regard profane.
Il est capital de s'approprier ne serait-ce qu'une toute petite partie de ce grand Mystère Pascal, afin de rester « connecté » à l'évolution de l'humanité, et éviter ainsi de choir dans l'abîme.

Les trois dimanches de préparation à Pâques :

Pour chaque dimanche, nous vous proposons une qualité à développer (avec son symbole), et un passage des Évangiles à lire et à méditer (ou réfléchir), toujours en rapport, essentiellement, avec le chakra frontal ou spirale d'énergie située entre les deux yeux et reliée à la glande hypophyse. Notez que ce que nous appelons « l'esprit de synthèse » est l'association des deux premières qualités : le discernement et l'appréciation juste (ou « peser » ce qui nous arrive) ou encore l'association de la pensée et de la volonté. Le travail qui débute le dimanche peut se poursuivre dans le courant de la semaine, afin de le renforcer.

N.B. : Étant donné que la date de Pâques est mobile, pour déterminer les dates des dimanches de préparation, il suffit de repérer le dimanche de Pâques, sur votre calendrier ou agenda préféré (nous vous recommandons celui de Céline Lassalle &Lucidaëlle), puis celui qui le précède, à savoir le dimanche des Rameaux. Enfin, vous notez les trois dimanches qui précèdent ce dernier.

Pour l'année 2014, cela nous donne :

- ❋ Le 23 mars : le discernement – symbole : l'épée. Luc 11, 23.
- ❋ Le 30 mars : l'appréciation juste – symbole : la balance. Jean 8, 15-16.
- ❋ Le 6 avril : l'esprit de synthèse – symbole : le soleil (cercle avec un point au centre). Luc 9, 23.

Le dimanche des Rameaux

Méditation et/ou réflexion sur la Venue du Christ sur Terre, il y a deux mille ans, depuis la sphère solaire. Pourquoi est-il venu ? Que nous a-t-il offert ?

- ❋ Le 13 avril : **le Christ arrive de la sphère solaire** (le palmier est un symbole solaire) sur la Terre. Jean 12, 12-16.

La Semaine Sainte :

Pour chaque jour de la Semaine Sainte, nous vous proposons un ou des textes des Évangiles, où vous pourrez lire ce que le Christ y a accompli. Vous pourrez méditer ou réfléchir sur ces « passages » particulièrement symboliques. Pour vous aider, nous vous donnons quelques mots-clés montrant la transformation réalisée par le Christ pour chaque sphère planétaire durant cette semaine.

• *Lundi 14 Avril*: **sphère de la Lune**: Matthieu 21, 18-22 + Marc 11, 15-17. Mots-clés: purification du corps astral; suppression de la clairvoyance « du ventre » ou antique; détachement du passé et des influences de la conscience collective (individualisation); transformation de la sagesse lunaire ou orientale du passé en sagesse occidentale ou christique. Jour de la purification.

• *Mardi 15 Avril*: **sphère de Mars**: Matthieu 23, 34-40 + Matthieu 24, 1-44. Mots-clés: cultiver le courage et l'affirmation de soi; la parole spirituelle (authenticité dans la parole): ce que j'ai à dire: est-ce vrai, est-ce bienveillant et est-ce le bon moment pour le dire (et la bonne personne pour le recevoir)?; l'écoute; la liberté; l'indépendance; la force intérieure qui permet de se mettre debout; se confronter au mal. Jour du combat.

• *Mercredi 16 Avril*: **sphère de Mercure**: Matthieu 26, 6-16. Mots-clés: choix entre l'extérieur et l'intérieur ou entre le spirituel et le matériel ou encore entre le bien et le mal: triompher de la dualité; intériorisation et spiritualisation de la pensée; rester centré; la pensée du cœur (la vie intérieure) en tant que force de guérison (elle guérit de l'affectif et du vide intérieur). Jour du choix.

• *Jeudi 17 Avril*: **sphère de Jupiter**: Luc 22, 17-20 et 39-46 + Jean 13, 4-5. Mots-clés: le mystère du pain et du vin (corps et sang du Christ = corps physique et corps éthérique spiritualisés); la nouvelle alliance entre le monde spirituel et l'humanité qui repose sur l'individualisation et la liberté; la nuit obscure au sein de laquelle le « Je » se saisit lui-même (jardin de Gethsémani = conscience de soi); le rituel sacré qui permet de se relier au monde spirituel (*l'Aventure Héroïque* – cf. l'ouvrage de ce titre, même éditeur). Jour du sacré.

• *Vendredi 18 Avril*: **sphère de Vénus**: Jean 19, 1-2 et 17-18 et 30. Mots-clés: le choix entre Christ (le Fils de Dieu = les liens de l'Esprit) et Barrabas (le « fils du père » = les liens du sang); accepter consciemment de porter sa croix (se sentir responsable de son karma et/ou de ses erreurs); l'amour sacrificiel ou vertueux triomphe de l'affectif manipulateur; le Christ s'unit à la Terre par son sang (début de la Rédemption pour la Terre); la lance de Longinus perce le flanc du Christ: la confrontation au mal est inévitable. Jour de l'Amour victorieux.

• *Samedi 19 Avril*: **sphère de Saturne**: Matthieu 27, 57-66 + Jean 19, 38-42. Mots-clés: la descente aux enfers (confrontation et résistance au mal); Christ donne son corps à la Terre; la mort consciente; le souvenir du karma (de la vie écoulée) et la responsabilité; la conscience dans l'entre-deux-vies; la spiritualisation de la matière. Jour de la Responsabilité et du bilan.

• *Dimanche 20 Avril* – **Pâques: sphère du Soleil**: Jean 20, 11-18 et 21-23. Mots-clés: la victoire sur la mort et les forces sclérosantes; le corps de résurrection ou corps de gloire; le début de la Rédemption pour l'humanité et de la remontée vers le monde spirituel; la connaissance du mystère de la mort; vision de son haut idéal spirituel ou de son but de vie. Jour de la victoire rayonnante.

Le Passage

« En ce jour, la Lumière du monde
Accepta la mort
Sur la croix de la matière.
L'Amour sacrificiel s'unit
Au destin de l'humanité,
Afin que naisse l'Homme-Graal
Vivant pleinement la Liberté
Sur une Terre de Lumière. »

Avec Amour et Liberté...

Pierre Uriel

Samedi de la Semaine Sainte – **Fête de Christian Rose-Croix** : Initiation de Christian Rose-Croix en 1459 en Europe donnée par le grand Initié Mani (cf. « *Les Noces Chymiques de CRC* », J. Valentin Andréa). Marque le vrai départ du courant christique Rosicrucien.

23 Avril – **Fête de St-Georges qui terrassa le dragon** : il est connu que St-Georges apparut au roi Richard Cœur de Lion (1157-1199), et l'aida, pendant sa croisade contre les Sarrasins, à gagner une bataille de manière quasi miraculeuse ! Et c'est donc Richard Cœur de Lion qui a apporté la légende de St-Georges en Angleterre, dont il devint le Saint Patron. Le chevalier Georges de Lydda (en Cappadoce ou Turquie actuelle) vécut réellement de 275 à 303 (il mourut le 23 avril de cette année). Il est célèbre pour avoir vaincu un dragon : c'est une figure humaine de Michaël.

25 Avril – **Fête d'Artémis (Soleil sur le 6e degré du Taureau, sauf années bissextiles, où c'est la veille)** : anniversaire de la naissance de la déesse Artémis (fête lunaire et vénusienne, fête de la Nature). Fête du pouvoir lunaire.

26 Avril – **Fête d'Apollon (Soleil sur le 7e degré du Taureau, sauf années bissextiles, où c'est la veille)** : anniversaire de la naissance du dieu Apollon = le Soleil qui naît de la Lune/Artémis. Fête du pouvoir solaire.

Mai (le jeudi, 40 jours après Pâques) – **l'Ascension** : sauvetage du corps éthérique de l'être humain, régénéré par le Christ. Christ se soustrait à la vision de Ses Disciples pour sauvegarder leur liberté. Symbole du courant spirituel sophianique ascendant.

Mai ou Juin (50 jours après Pâques) – **la Pentecôte** : Accueil de l'Esprit Saint par les Apôtres entourant la Vierge Marie. Fête de la liberté : la volonté monte dans la pensée grâce à la concentration

(la pensée libérée peut s'emplir de l'Esprit Saint).
En dehors des fêtes de Noël et de Pâques, la Pentecôte est certainement la plus importante. Autant Noël s'adresse au cœur et au ressenti, et celle de Pâques à la pensée-lumière et à la compréhension, autant la fête de la Pentecôte est celle d'une volonté qui agit le Bien.
En tant que grande fête de la volonté, elle est également la fête de la Liberté.
Cette Liberté est acquise lorsque la volonté s'élève jusque dans la pensée, grâce à notre force de concentration.
Par la concentration, nous libérons notre pensée, grâce aux forces vivifiantes de notre volonté : ainsi, notre pensée « ouverte » et vivifiée peut s'emplir de l'Esprit Saint.

Nous vous proposons une période de trois semaines de préparation à la fête de la Pentecôte :

Les trois dimanches de préparation à la Pentecôte :

Durant cette période, nous vous proposons de méditer ou de réfléchir sur cette phrase capitale du Christ :

> « *Si quelqu'un veut marcher à ma suite, qu'il renonce à lui-même, qu'il se charge de sa croix et qu'il me suive.* »
> (Marc 8, 34).

Chaque dimanche, vous en étudierez une partie, sur laquelle vous pourrez méditer ou réfléchir. Une qualité et un symbole lui sont associés.
Vous avez les dates pour l'année 2014 (la Pentecôte est une date mobile).

- Le dimanche 18 mai : « *qu'il renonce à lui-même* » = **l'abnégation. Symbole : le cercle**.
- Le dimanche 25 mai : « *qu'il se charge de sa croix* » = **la responsabilité. Symbole : la croix**.

- ✻ Le jeudi 29 mai : **l'Ascension** (Actes des Apôtres 1, 6-11). Annonce de la Parousie : **le témoignage**. Symbole : **deux mains tendues et ouvertes**.
- ✻ Le dimanche 1er juin : « *et qu'il me suive* » = **l'engagement.** Symbole : **l'anneau**.
- ✻ Le dimanche 8 juin : **la Pentecôte** (Actes des Apôtres 2, 1-4) : « *Si quelqu'un **veut marcher** à ma suite* » = **la liberté** (le choix de vivre une évolution spirituelle ou non).

En Vérité

« En vérité, je vous le dis, l'Esprit Saint viendra dans tous les cœurs prêts à l'accueillir. La colombe de l'Esprit fera son nid douillet dans la chaleur de votre être intérieur. Elle se nourrira de vos images vertueuses et vous inspirera paix et amour au nom de la Vérité. »

Pierre Uriel

Lundi de Pentecôte – **Fête de l'Esprit Saint** – **Fête de la Tarasque** (cf. à Tarascon, pour la victoire de Marthe sur le dragon). Fête reprise le jour de la Sainte Marthe, le 29 Juillet.

8 Mai – **Fête printanière de Michaël** : fête de la première apparition chrétienne européenne (?) de Michaël au Mont Gargano, dans les Pouilles, au Royaume de Naples, dans le Sud de l'Italie, en 492 dans une grotte où se trouvait un sanctuaire qu'il consacra.

25 Mai – **Fête de la Sophia** : représente la Sagesse, leader des Esprits de la Sagesse et de la Joie, la parèdre du Christ. Le maître d'œuvre de Dieu pour la création de l'État de la Terre (voir Salomon). **Fête de l'Éternel Féminin**.

31 Mai – **Visitation** : Marie Artémisienne (lignée de Nathan), enceinte de deux mois du Jésus Apollonien, rend visite à sa parente Élisabeth, enceinte de huit mois de Jean le Baptiste. Rencontre entre Jean le Baptiste, réincarnation d'Adam, représentant l'ancienne humanité qui avait chuté, et Jésus, le futur être humain empli du Christ qui apportera la rédemption de l'être humain.

Chapitre 9

Les Saisons (4)
L'Été

Nous ne reviendrons pas sur les généralités concernant les êtres de la Nature, que nous avons vues au chapitre 6. Nous allons vous présenter directement les êtres des éléments que nous relions à la saison de l'été et à l'élément feu :

Les Salamandres

Et aussi : les Pyraustas, les Vulcains, les Muses, etc.
Ces êtres de la Nature vivent dans l'éther de Chaleur.
« Salamandres » (nom donné par Paracelse) ou « Pyraustas » (nom grec venant du radical *pyr* qui désigne le feu ; pyrausta peut signifier : vivant dans le feu) ou encore « Vulcains » (du latin *vulcanus*, incendie, feu).

Les Salamandres sont les êtres de la Nature les plus difficiles à entrevoir, l'éther de chaleur étant la dimension la plus subtile. Elles peuvent être perçues dans le feu, verticales, mélangées à une flamme, se déplaçant rapidement en se tordant sur elles-mêmes. On les trouve également dans les volcans (d'où le terme de Vulcains).

Les Salamandres ressemblent aux Sylphes avec une tête d'apparence humaine et un corps de feu. Elles sont donc également proches de la forme angélique. Lorsqu'elles se déplacent à grande vitesse dans le ciel, elles peuvent prendre l'aspect d'une petite boule (ou d'une spirale) de feu.

Les Salamandres peuvent aussi naître de la transformation (après la mort) de certains animaux, seulement les plus évolués, à savoir ceux qui présentent un début d'individualisation acquise au contact de bons êtres humains.
Ces animaux ayant évolué au-delà des limites de leur espèce, n'arrivent pas, après la mort, à se « refondre » dans leur âme-groupe, et deviennent des Salamandres. Quelques animaux domestiques, mais aussi des singes, des kangourous, des écureuils ou des oiseaux peuvent être dans ce cas (notamment, des animaux capables de se tenir debout sur leurs pattes arrière, au moins un certain temps, ce qui est le « signe » que leur sang contient un certain taux d'éther de vie, caractéristique de leur évolution). Dans un très lointain futur, ils deviendront les nouveaux « êtres humains », lorsque les humains actuels auront accédé au niveau angélique.
Ceci est dû au fait que, **parmi les êtres de la Nature, les Salamandres sont les seules à posséder un embryon de corps mental et de « Je » ou esprit individuel.**

Les Salamandres travaillent avec la chaleur (éther de chaleur) qu'elles recueillent, la transmettant ensuite à la partie florale de la plante. Elles introduisent la chaleur par l'intermédiaire des grains de pollen. Ceci garantit la maturation des fruits, des germes, des graines...

À l'automne, cette chaleur descend ensuite par les graines vers les Gnomes, avec la forme-mémoire spirituelle de la plante (donnée, elle, par les Sylphes). C'est là que s'effectue la fécondation spirituelle de la plante, au plus profond de la Terre en hiver (grâce à l'éther de vie).

Les Salamandres aiment se lier avec les abeilles et les papillons, lorsque ces derniers butinent les fleurs. Elles enveloppent ces insectes de leur aura de feu. Si vous êtes clairvoyants, c'est à ce moment-là, en contemplant le ballet des abeilles et des papillons, que vous pouvez le mieux apercevoir les élémentaux du feu. Lorsqu'une Salamandre englobe un papillon de son aura de lumière et de feu, vous avez l'impression d'apercevoir un mini Ange.
En revanche, lorsque les Salamandres sont en haute altitude à fendre l'air à toute vitesse en tourbillonnant, elles sont quasiment impossibles à distinguer.

Ces êtres de l'élément feu apportent leur force de chaleur-maturation aux fleurs et aux plantes, de façon à en former les graines. Elles préservent tous les germes, toutes les graines, et protègent ainsi toutes les semences des plantes. L'été est leur saison de prédilection.

En résumé : dans le processus de développement d'une plante ou d'un arbre, vous avez tout d'abord les gnomes qui s'occupent des racines, puis les ondines de la tige, de la sève et des feuilles ; ensuite les sylphes interviennent dans la création des fleurs, dont les elfes prennent soin dans la continuité ; enfin, ce sont les salamandres qui génèrent les fruits.

Pyrausta

Fugato chatoie
par ses induits
flamboiements

Par tresses polies
d'ambre foncé
reluisant

Dont caléfaction
tout fécondé
se produit

En cercles pyrogènes
de ses ruchées
muries.

Céline Océana

Les êtres que nous appelons les Muses peuvent être considérées en tant que puissants esprits du Feu, disposant d'un corps mental et d'un « Je » en formation.
Ces beaux êtres à l'aspect angélique, dont l'été est la saison de prédilection, agissent tels des relais entre les entités spirituelles inspiratrices et les êtres humains.
Bien évidemment, les entités spirituelles qui offrent des inspirations aux artistes et autres créateurs appartiennent au royaume angélique, et ce sont elles les « vraies » Muses.
Toutefois, il existe des sortes de Nymphes de l'élément feu, que nous pouvons appeler des Muses, et qui sont des aides, à la fois des entités inspiratrices et des humains créatifs.

L'été et le futur

Nous avons vu dans les trois précédents chapitres que l'automne représente le lointain passé préchristique, tandis que l'hiver met l'accent sur un passé plus récent, postchristique (celui des deux mille dernières années), et que le printemps témoigne de notre état présent.
Quant à l'été, chaque année, il nous offre un clin d'œil sur notre futur !
Durant l'été, c'est le moment de se poser la question existentielle : « Où vais-je ? » ou « Qu'ai-je à manifester sur cette Terre ? » ou encore « Quel est mon but de vie ? ».

Ne trouvez-vous pas qu'il existe une sorte de parallèle ou de ressemblance entre les vacances estivales et la retraite ?
Cela voudrait-il dire qu'à chaque fois que l'être humain se retrouve face au futur, et que celui-ci l'insécurise, il prend des vacances ou se met sur la liste des abonnés absents ?!
L'étymologie du mot « vacances », qui vient du latin *vacans* signifie « qui est vide » !
Cela montre que, face au futur, l'être humain se trouve vide ou dans le vide, ou encore qu'il est inconscient de ce que son avenir lui pro-

pose, alors il préfère « fuir » ou se « mettre au vert », en attendant... quoi au juste ?!
C'est le piège du : « Vivez dans le présent ! » qui est constamment rabâché au consommateur. Le résultat en est qu'il est très insécurisé par son futur.
Pourquoi ?
Parce qu'il a tout son passé devant lui !
Ceci n'est pas seulement de l'humour... car la plupart des gens sont incapables de faire des projets sur le long terme, et même le moyen. En général, les gens ne se projettent pas plus loin que quelques mois dans leur futur... jusqu'aux prochaines vacances !

L'été est la saison en lien avec notre futur. C'est donc la période idéale pour se mettre au clair avec lui.
Arrêtons de nous mettre des œillères ou de regarder derrière nous : lâchons le passé, après nous en être guéris, et ouvrons-nous au futur !
Il est essentiel de cultiver un haut idéal spirituel qui peut nous projeter loin dans le futur (au moins quelques années !).
Comment pourriez-vous donner du sens à votre vie, si vous ne voyez que votre présent ? C'est coller son nez sur son nombril et ne voir rien d'autre ! C'est très insécurisant de ne rien voir de son futur.
Comment l'être humain contemporain vit-il ceci ?
Étant donné qu'il a peur de l'inconnu, et que son futur lui est – justement – totalement inconnu, il ne peut que projeter des pensées négatives et des catastrophes sur son avenir. Alors, il devient de plus en plus insécurisé et donc agressif (comme nous l'avons déjà vu). C'est un cercle vicieux !

L'été est la saison du feu et de l'ouverture au futur. L'élément feu est celui de l'esprit et du mental (la vraie pensée individualisée).
C'est la période de l'année où nous pouvons être le mieux inspirés, mais, en contrepartie, nous risquons aussi de nous « envoler », nous mettre à « planer » et rêver, nous « désincarnant », et nous éloignant de la réalité.

C'est une époque délicate pour tous les gens instables psychologiquement : en février, les gens dépriment et s'effondrent, se repliant sur eux-mêmes, tandis qu'en août, ils s'éclatent, et perdent conscience d'eux-mêmes (comme dirait Marcel : « L'été y en a qui s'explosent la tétine sur les nuages, et après y z'ont les neurones qui font du yoyo ! »).

Durant l'été, tout en cherchant l'inspiration pour nos projets futurs ou notre créativité, il est important de saisir la Lumière d'Uriel, voir ci-après, afin d'oser voir en face ce que nous portons dans notre volonté : car l'été est aussi la saison du feu de la volonté, cette partie subconsciente de l'être humain, qui demeure cachée à ses yeux, sauf durant l'été, où il peut en percevoir certains aspects.

Uriel : l'Archange de la Terre

L'Archange de l'été est Uriel, dont le nom signifie « Dieu est Lumière » (et aussi « Feu de Dieu ») !
Il est un petit peu moins connu que ses trois amis, mais il travaille beaucoup aussi. Il n'est pas étonnant qu'il soit moins célèbre, puisqu'il représente le futur, un domaine inconnu qui fait si peur à l'être humain contemporain.
Cette peur du futur, tout individu doit apprendre à la maîtriser. La solution : c'est la conscience de soi. Lorsque vous êtes conscient de vous-même, vos actes demeurent équilibrés et en rythme. En revanche, lorsque vous n'êtes pas conscient de vous-même, alors c'est comme si votre conscience se diluait et s'évanouissait… et cet état d'être provoque la peur. Le courage consiste en une concentration de ses facultés mentales, et principalement de sa conscience : **si vous êtes concentré et conscient de vous-même, alors vous demeurez stable et vous n'avez plus peur du futur.**

Uriel est particulièrement relié à Jean le Baptiste : il était l'un de ses

principaux guides (notamment dans le désert), comme nous avons pu le vérifier.
Son nom signifie « Lumière divine », et il est vrai que c'est en été que la lumière est la plus intense, et le soleil le plus puissant.
Cependant, « Lumière » doit s'entendre aussi du point de vue spirituel : ainsi, en plus de faire en sorte que l'été soit bien l'été, et diriger lui aussi des milliards d'êtres pour parvenir à ce résultat, **Uriel s'occupe de la Lumière spirituelle.**
Il est donc lui aussi un Archange à plusieurs « casquettes » :
Il est l'Archange de l'été, qui travaille six mois par an, avec les deux hémisphères.
Quand il ne s'occupe pas de l'été, il travaille à l'intérieur de l'être humain et l'aide notamment au niveau des processus liés au cerveau et à la pensée, comme nous l'avons déjà vu. Bien sûr, il nous aide pour la pensée classique que nous utilisons habituellement, mais il nous aide aussi à développer la pensée spirituelle.
Il s'occupe aussi d'une certaine partie de l'évolution spirituelle, notamment le domaine initiatique. Il est l'une des entités spirituelles élevées supervisant, par exemple, le travail des Anges gardiens qui amènent leur protégé vers l'initiation, pour les aider à franchir un seuil dans leur évolution…
Dans ce sens, **il est un précieux collaborateur de la Déesse Isis-Sophia, l'entité spirituelle qui régit l'Initiation.**

À un niveau plus ordinaire, Uriel permet des prises de conscience, qui sont tels des flashs de lumière (ce que la plupart appellent « intuition » !), nous aidant à grandir en conscience, et donc, à progresser spirituellement.
C'est à lui que nous devons l'Astrologie et tout ce qui touche aux connaissances célestes, y compris l'astronomie moderne (cf. *Numérologie Sophianique*, ainsi qu'*Astrologie Sophianique*, même auteur et même éditeur, écrits avec la gracieuse inspiration d'une « disciple » d'Uriel, Urania ou Uranie). D'une certaine façon, nous lui devons toutes les connaissances sur le Ciel.

Il est aussi très relié à l'alchimie, à la transformation de la matière en lumière, et à toutes sortes de processus chimiques.
Uriel est l'Archange de la Terre et, en tant que tel, il veut relier la Terre au Soleil avec réalisme : à condition que ce soit le fruit de la transformation de la Terre. Il ne nous incite pas à « sauter » directement dans le futur, grâce à une baguette magique : ce serait illusoire ! C'est Lucifer, son ennemi bien connu, le « roi » de la « Touvabiénie » qui nous fait « planer », et nous pousse à fuir la Terre, à nous envoler, à nous « désincarner » !
Uriel nous encourage à nous élever vers le Ciel, mais après avoir patiemment transformé nos limitations terrestres présentes. C'est pourquoi il nous incite à voir dans notre volonté, à la fois les bonnes impulsions liées avec notre futur, mais aussi les limitations négatives du passé, et le mal non transformé, qui nous empêcheraient de mettre en place le futur que nous avons perçu. Nous ne pourrons nous libérer de ces limitations et de ces forces obscures qu'en ayant le courage de les voir en face, puis de leur résister, et enfin de les transformer avec le temps. C'est ce qui nous permettra de manifester les germes du futur.
Avec Uriel, l'héroïsme est de mise !

Uriel réveille toute la quintessence des actes de l'année : tout ce qui était dans notre volonté, dissimulé durant le reste de l'année, remonte en pleine lumière vers Uriel, grâce à sa Lumière. Tout ce que nous avions caché remonte… le positif comme le négatif. C'est pourquoi il faut accepter de voir le mal en soi, afin de pouvoir le transformer pour entrer dans le futur. C'est un engagement à prendre, au cours de l'été, vis-à-vis d'Uriel.

« L'été, je perçois un Bien que je suis prêt à développer, un aspect de mon futur à manifester. Ceci dévoile parallèlement un mal que je suis prêt à transformer. Cette transformation ne se réalisera pleinement qu'à l'automne, avec la saison de Michaël et le combat contre le dragon. Cependant, dès le mois d'août, je reçois le « fer

michaëlique » des Perséides (voir ci-après) pour m'aider à me renforcer intérieurement et me préparer à ce processus de transformation du mal, du passé, afin de cultiver et protéger les germes de mon futur. Alors, à Noël, je pourrai faire naître ce Bien de mon futur, émergé de ma volonté : l'Innocence aura vaincu le mal et elle pourra se manifester. »

Au plus haut niveau, lorsque l'Amour Feu (chaleur) d'Uriel s'associe à la « conscience de soi » de l'humain, ceci provoque la transformation de la matière qui devient Lumière : c'est le **processus initiatique de la transsubstantiation**. C'est pourquoi le principe de la Pierre Philosophale, de la Résurrection, ne peut se réaliser sans la maîtrise des cycles, des rythmes. Il faut savoir canaliser son Feu d'Amour dans le Temps (maturation) pour qu'il soit transformateur. L'union avec Uriel permet cet exploit spirituel !

Uriel

Ô toi, de l'Été le bienveillant champion,
Saisi à tes côtés, j'offre efforts en dons.

Chacun des pas posés sur le sentier du vrai,
Chacun des yeux levés, sans objet mais but vrai,
Chacun des dons offerts, sans intérêt seuls vrais,
Chacun des transcendés, sans rancœur mais feu vrai...
Chacun de tes pas vrais
Sur ton sentier il est.

Il est l'initiale...
Celle du visage premier, son voile rendu,
Celle de la colombe aimante, ses vœux descendus,
Celle du pilier en temple, son ombre pourfendue,
Celle de l'esprit libéré, son envolée nue...

Il est du plus doux des touchers,
Éclairant naissances de ta déité.
Il est le chemin qui permet
L'infinie Liberté.
Il est Lumière active et dirigée visant,
Que soient vus tes poisons tout autant qu'élixirs,
Dont toi seul te tiens en évident parent,
Et dont le choix est selon, d'offrir ou d'occire.

L'ennemi s'empresse d'orgueil et vanité,
Mais le dieu d'éjecter de son vase sacré
L'exaltation impure infestée d'ivresse,
T'invitant plutôt aux mystères de sagesse.

Te tenant appliqué à l'art du vrai connaître,
Tu fais naître l'amour et de flamme est porteur,
Te comprenant dans l'Œuvre, renforcé de valeurs :
Que l'Amour se marie à ta Liberté d'être.

Les aventures et victoires de la Terre et du Ciel,
En ta conscience, sont des diamants au regard d'Uriel...

Céline Océana

Uriel et la Numérologie Sophianique

Le Nombre d'Uriel donne 29/11 en numérologie.

U R I E L
3 9 9 5 3 = 29/11

Le Nombre 11 est un Maître Nombre, en d'autres termes un Nombre de très haute vibration, que nous relions au Christ ou Verbe, Fils de Dieu, et à Uranus en Astrologie Sophianique.
Le Nombre 11 est celui de la Lumière, la fraternité, la liberté, la guidance spirituelle, la créativité inspirée, l'intuition, l'inspiration, l'Initiation, etc.
Le 11 c'est aussi deux fois le Nombre 1, ce qui apporte un côté « père » transcendant ou spirituel.
Le fait que ce 11 provienne d'un 2 et d'un 9, signifie le féminin universel ou sacré.
Le 2 est relié à l'Esprit Saint ou Mère divine et le 9 est le Nombre de l'universel, de la fraternité et la créativité inspirée.
Uriel dispose d'une grande puissance-lumière pour rayonner la pureté de la Mère de la Vie au sein de toute l'humanité !
Le Nombre 29/11 peut également symboliser sa mission d'Initiateur aux côtés d'Isis-Sophia, à savoir celui qui apporte l'universel à l'intérieur de l'être, et qui produit le rayon de Lumière révélateur des Mystères.

Le Nombre Intime (total des voyelles) d'Uriel donne 17/8, ce qui signifie l'expression ou l'affirmation de la Sagesse de la Sophia au service du Christ (ou la Sagesse pour transformer la matière en Lumière). Notez que le Nombre 17 (celui de la Providence !) est appelé aussi le Nombre d'Isis, et celui de l'étoile Sirius !
Le Nombre de Réalisation (total des consonnes) d'Uriel donne 12/3, ce qui signifie la capacité de manifester la plénitude d'un potentiel divin. Le Nombre 12 montre une totalité, un potentiel complet, et le

3 est le Nombre de la créativité, de la Lumière, et aussi celui de la Trinité.

La première lettre de son nom est un U, dont le Nombre est un 3.
La lettre U représente un grand contenant, telle la coupe du Graal !
Telle une urne contenant des mystères sacrés devant demeurer secrets.
La lettre U est tel un gouffre sans fond qui peut faire peur au profane, mais que le myste approche avec respect et vœu de découverte, de révélation, et de transcendance. La réceptivité, la quête de la pureté ou l'amour du sacré, telles sont ses motivations héroïques.
Avec elle l'inconnu devient l'Un connu !

Les fêtes sacrées de l'été

Nous vous proposons de détailler la sagesse des fêtes sacrées de l'été, et de vous donner quelques exercices qui vous permettront de les vivre au mieux.
Ces exercices demandent réflexion, méditation, voire un travail intérieur.
Vous pouvez lire le texte une première fois, afin d'en prendre connaissance.
Ensuite, il vous demandera des efforts de compréhensions. En effet, ce sont des exercices visant à vous « plonger » dans l'atmosphère de la fête sacrée en question. Ils vous proposeront d'effectuer des recherches, et d'accomplir certains actes dans votre vie. Cela vous aidera à instaurer un rythme à votre mode de vie, en accord ou en harmonie avec la Nature.
Ces exercices des fêtes sacrées font partie intégrante de ce que nous appelons l'écosophie, et ils peuvent contribuer à un plus grand respect de la Nature, et même à lui offrir des forces de régénération et de guérison.
Ils sont donc essentiels, à la fois pour l'humain et pour la Nature, dans un vœu de collaboration… et de préparation du futur…

***21 Juin* – Solstice d'été – Le Soleil entre dans le signe astrologique du Cancer, début de la saison de l'été, entité régente** : Archange Uriel (« Dieu est Lumière »).

24 Juin – **Fête de Jean le Baptiste** : prophète, précurseur : le premier humain à reconnaître le Christ incarné dans un corps humain (« Et le Verbe s'est fait chair »). Représentant de la « conscience de soi » pour l'humanité. Représente également l'Individualisation qui permet de ne pas sombrer dans la conscience collective (= signe du Cancer).

24 Juin – **Fête des Fées** : fête du début de l'été que les fées apprécient et pendant laquelle elles aiment tout particulièrement danser…

29 Juin – **Fête d'Uriel, l'Archange de la Terre** : fête de l'amour-chaleur de l'Esprit et de la Lumière de la pensée. Élévation vers le monde spirituel. Montée de la volonté dans le cœur (volonté au service du Christ en soi), et dans la pensée (pensée forte, emplie des forces de vie). Concentration : volonté maîtrisée, canalisée. Spiritualisation de la matière (principe du bon soufre relié à Uriel). Collaboration entre l'Archange Uriel & la Déesse Natura. Et aussi : diriger la volonté, apporter la Lumière dans les ténèbres. « Reçois ma Lumière », dit Uriel au cours de l'été. Descente des forces solaires dans la volonté pour éclairer ce qui doit être transformé en soi. Bilan sur la qualité morale de nos actes. Symbole du courant sophianique descendant (le courant du futur – cf. *Parler le Langage des Anges*, sur les deux courants spirituels sophianiques, déjà cité).
Le risque de l'été est la fuite vers les hauteurs (influence « planante » luciférienne). L'avantage de l'été est la possibilité d'être inspiré comme à nulle autre période de l'année. Durant l'été, l'être humain doit sentir le regard grave d'Uriel qui contemple les fautes humaines devant être transformées en vertus. Ce sont ces vertus, montant vers le Soleil, qui peuvent constituer le vêtement de lumière d'Uriel. Uriel incite l'être humain à développer une lumière chaleureuse de pensée, afin de rédempter ses fautes, en s'appuyant sur ses forces volontaires purifiées avec l'aide et l'encouragement de la Déesse Natura.

Il est possible de se préparer aux fêtes de la St-Jean le Baptiste et de l'Archange Uriel au cours des trois semaines les précédant. Les dates ci-dessous sont données pour 2014.

Les trois dimanches de préparation à la Saint-Jean et à la fête d'Uriel :

Dimanche 8 Juin : **La chaleureuse Lumière de pensée d'Uriel**. Nos pensées les plus pures, emplies de notre Âme céleste (ou Moi supérieur), nous permettent de cultiver des Vertus[1] que nous offrons à l'Archange Uriel (qui nous incite à nous rédempter plutôt qu'à fuir). Uriel purifie nos forces volontaires.

Dimanche 15 Juin : **L'union du Ciel et de la Terre en nous**. En nous liant avec Uriel (ou avec notre Ange), nous pouvons ressentir notre union avec le Ciel. Et en nous liant avec la Déesse Natura, nous pouvons retrouver notre union avec la Terre. Grâce au Christ dans notre cœur (descendu de la sphère solaire), nous pouvons nous sentir reliés à la fois au Ciel et à la Terre.

Dimanche 22 Juin : **La Terre-Mère pénétrée d'esprit**. En tirant des leçons de nos expériences terrestres (nous reliant à notre Âme céleste ou Moi supérieur), nous ressentons l'espérance (la possibilité de la rédemption, car nous ne restons pas prisonniers de notre passé) de devenir des créateurs à la ressemblance de Dieu.

Mardi 24 Juin : **Fête de Saint Jean le Baptiste**. Jean incite chacun au repentir (pardon), et au retournement de la pensée, devenant ainsi un messager d'Uriel. Voir **Luc 3, 1-9 + Jean 1, 22-34**. C'est le temps de la **metanoïa** : nous devenons conscients de nos motivations profondes mises en lumière grâce à l'action d'Uriel.

1. cf. le travail de *Vers une Nouvelle Éthique*, même éditeur.

Dimanche 29 Juin*: Fête d'Uriel. Uriel est la « face des cieux ». « *Uriel est l'ange que le Seigneur de gloire (le Christ) a préposé à toutes les étoiles. (…). Ainsi Uriel me fit voir douze portes qui s'ouvrent pour le char du Soleil, d'où jaillissent des infinités de rayons. C'est par eux que l'été se forme en la Terre quand ces portes s'ouvrent aux époques fixées. » Livre d'Énoch (Ch. LXXIV-7/11).

L'Imagination (ou image spirituelle) d'Uriel & Natura (ou la collaboration entre Mère Nature et l'Archange de la Terre) :

Tout d'abord, imaginez une colombe de lumière dans le ciel de l'été (elle représente l'Esprit Saint et, d'un certain point de vue, l'ensemble des entités solaires créatrices, placées sous la guidance de la Sophia).
Ensuite, imaginez l'Archange Uriel avec son flambeau de feu et de lumière solaire qui irradie de chauds rayons dorés. Son regard grave est tourné vers le bas, vers la Terre et l'humanité. Ses ailes déployées semblent exhorter l'être humain à la remise en question et à l'action vertueuse (travail sur les Vertus).
Puis, imaginez, sur la Terre, la Déesse Natura ou Mère Nature, qui offre au ciel les forces terrestres transformées. Voyez ces forces cristallines argentées (ou lunaires) qui s'élèvent vers le Soleil, accompagnées par les impulsions volontaires (bonnes ou mauvaises) des êtres humains.

***24 au 30 Juin* – Semaine zodiacale** : L'aura de la Terre, au maximum de son expansion, atteint le firmament (zodiaque ou monde causal). Elle est emplie de toute l'énergie et la richesse du cosmos spirituel.
Pendant que l'aura de la Terre est au maximum de son expansion-expiration, nous pouvons nous relier aux constellations zodiacales. Ainsi, pendant une semaine nous pouvons utiliser les analogies suivantes :

- lundi = signe du Cancer
- mardi = signes du Bélier et du Scorpion
- mercredi = signes des Gémeaux et de la Vierge
- jeudi = signes du Sagittaire et des Poissons
- vendredi = signes du Taureau et de la Balance
- samedi = signes du Capricorne et du Verseau
- dimanche = signe du Lion

La Semaine Zodiacale est à mettre en parallèle avec les Nuits Saintes. Comme les Nuits Saintes suivent la fête de Noël (contraction maximum de l'aura de la Terre), de même la Semaine Zodiacale suit la fête de la St Jean (expansion maximale de l'aura de la Terre).
Pour déterminer quand se déroule la Semaine Zodiacale, étant donné qu'elle commence forcément un lundi, celui-ci sera toujours le plus proche de la St Jean.
Exemple : du lundi 23 au dimanche 29 juin en 2014.
À noter : c'est parfois la St Jean qui est comprise dans la Semaine Zodiacale et d'autres fois la fête d'Uriel… ou les deux comme en 2014 !
Chaque jour de la semaine zodiacale, vous pouvez étudier la ou les constellations du jour (servez-vous d'un bon livre d'astrologie : par exemple, *Astrologie Sophianique*, même auteur, même éditeur.)
Dans cette optique, la St Jean est à mettre en parallèle avec Noël, tandis que la fête d'Uriel est à mettre en parallèle avec l'Épiphanie.

6 Juillet – **Fête d'Isis (sauf années bissextiles, où c'est la veille) :** la grande Déesse à honorer, lorsque le Soleil passe devant l'étoile Sirius ou étoile d'Isis (cf. Lame l'Etoile N° 17 du Tarot de Marseille). C'est aussi la fête de la Liberté (période de l'aphélie : la Terre est au plus loin du Soleil).

14 Juillet – **Transfiguration** : accès à la Sphère solaire et à l'Inspiration ; fête de « l'Illumination ». Christ entre Élie (force intérieure) et Moïse (sagesse lunaire ou préchristique) sur le Mont Thabor. C'est la date « vraie » d'après nos recherches.

22 Juillet – **Fête de Marie-Madeleine**, Apôtre du Christ (sa mort, ultime « ravissement »).

26 Juillet – **Fête de Sainte Anne et Joachim**, parents de la Vierge Marie (royale, lignée de Salomon).

29 Juillet – **Fête de Marthe**, Apôtre du Christ (date de sa mort).

1er Août – **Fête de Lug (Lugnasad)** : Archange du peuple celte avant de devenir celui du christianisme ésotérique à partir du IXe siècle. Archange solaire dont le principal symbole est une lance magique. A donné son nom à de nombreuses villes : Lutèce, Lyon, Londres, etc.

5 Août – **Naissance de Marie** – lignée de Salomon (royale, sagesse).

9 Août – **Fête de l'Amour** : à célébrer.

8-14 Août – **Début des Perséides** (descente des forces cosmiques, le « fer michaëlique » ; préparation au « combat contre le mal » de l'automne).
Pendant la quasi-totalité du mois d'août, nous pouvons contempler la chute de météorites semblant venir de la constellation de Persée. Cette constellation est reliée au signe du Bélier, et à la planète Mars. Le fer est le métal de Mars. Ainsi, lorsque les Perséides, tombent sur la Terre au mois d'août, nous recevons une substance « marsienne » venant de la constellation de Persée, l'un des plus grands héros grec qui vainquit, notamment, la Gorgone Méduse, avec la complicité de la Déesse Athéna. Nous pouvons affirmer que Persée est une sorte de Michaël préchristique qui, au travers de la chute des Perséides prépare la période michaëlique de l'automne, en nous envoyant un extrait de sa force marsienne. Ce fer « marsien » de Persée, nous pouvons l'appeler également le

« fer cosmique » qui nous donnera la force de combattre aux côtés de Michaël durant l'automne. Grâce à ce fer cosmique perséo-michaëlique, nous nous renforçons en août, nous fourbissons nos armes… et le dragon n'a qu'à bien se tenir !

15 Août – **Assomption (Dormition)** : Marie monte au ciel avec son corps éthérique immortalisé (d'où les apparitions mariales).

8 Septembre – **Naissance de Marie** – lignée de Nathan, innocence. Marie Artémisienne.

La Nature en l'être humain

Comme nous l'avons déjà vu, l'être humain est partie intégrante de la Nature.
L'humain est avant tout un esprit individuel, un « Je », qui s'incarne dans un corps, afin d'expérimenter toutes sortes de leçons sur la Terre.
Nous sommes ici-bas pour apprendre et évoluer, grâce aux leçons que nous tirons de nos expériences de vie.
Et pour vivre sur la Terre, nous avons besoin d'un véhicule : celui-ci nous est fourni par la Nature et ses éléments.
Oui, en nous coexistent les éléments terre, eau, air et feu, ainsi que leurs contreparties éthériques (ou substances du « vivant ») : les éthers de vie ou de cristallisation, de son ou chimique, de lumière, et de chaleur ou mémoire.

Nous retrouvons les éléments de la Nature en nous, aussi bien dans notre corps physique qu'en lien avec nos différents corps.
Développons ceci :
Dans notre corps physique, nous trouvons :

- L'élément terre dans toutes les parties solides de notre corps : squelette, muscles, peau, etc.

- L'élément eau dans tous les liquides du corps: sang, lymphe, etc.
- L'élément air au sein de notre système respiratoire.
- L'élément feu dans la chaleur de notre sang.

Par rapport à nos différents corps, nous découvrons:

- Notre corps physique est relié à l'élément terre.
- Notre corps éthérique, comprenant les quatre éthers mentionnés ci-dessus, est relié à l'élément eau.
- Notre corps astral est relié à l'élément air.
- Notre corps mental est relié à l'élément feu.

Or, partout où nous trouvons des éléments, et leurs contreparties éthériques, et donc des échanges énergétiques, il existe forcément des êtres qui s'en occupent et les produisent!
Vous est-il arrivé de vous demander « qui » s'occupait de faire battre votre cœur? Ou de faire circuler votre sang? Ou de vous faire respirer? Combien de temps pensez-vous que vous pourriez survivre s'il n'existait aucun « être » en vous pour s'occuper des multiples processus de votre corps?
Probablement à peine quelques secondes, ou tout au plus une minute ou deux!
Les êtres humains sont incapables de maîtriser la totalité des processus physiologiques à l'œuvre dans leur corps!
Les scientifiques vous diront certainement que tout ceci n'est qu'automatisme et mécanique! Dans quelques siècles, les scientifiques de cette époque riront beaucoup lorsqu'ils étudieront les croyances ridicules de notre temps!
En effet, comment peut-on croire que tous les processus de notre corps se réalisent « comme ça », de manière automatique?!
C'est de la superstition!
Il n'est possible de croire à des automatismes ou à une mécanique que si nous ne sommes capables de percevoir que ce qui est physique ou matériel.

Si nous sommes aveugles au « vivant », comme la science de nos jours qui ne connaît pas le vivant, alors nous pouvons émettre des théories matérialistes ne se basant que sur l'apparence des choses : nous sommes alors pris dans une sorte de superstition ou de piège « magique » où la matière nous fait croire qu'elle est la seule à exister ! Là encore, ce sont des êtres qui provoquent cette illusion de la matière pour les scientifiques de notre temps !

Notre corps est très sophistiqué, et c'est une merveille réalisée par les dieux ! Toutefois, il est tellement complexe qu'il a besoin de nombreuses « petites mains » pour le faire fonctionner.
Ce que nous appelons le « vivant » est constitué par l'ensemble des êtres qui œuvrent au sein du tissu éthérique de la Nature, c'est-à-dire le manteau éthérique de la Déesse Natura.
Notre corps éthérique, porteur du « vivant » fait partie intégrante du manteau éthérique de Mère Nature !
Et le fait que ce tissu vivant de notre corps éthérique soit intimement imbriqué « dans » notre corps physique a pour conséquence que ce dernier paraît « vivant ».
Dans la réalité spirituelle, le corps physique n'est pas « vivant », il ne l'est jamais ! C'est le corps éthérique qui lui apporte la Vie !
D'ailleurs, le corps physique est tellement complexe qu'il se désagrège rapidement et tombe en poussière, dès que le corps éthérique le quitte.

Notre corps physique est donc composé des quatre éléments (terre, eau, air et feu ou solide, liquide, gazeux et calorique), qui sont interpénétrés des quatre éthers, ou substances primordiales de la Vie, que vous connaissez (éthers de vie, de son ou chimique, de lumière et de chaleur).
Et comme vous le savez également, nous avons : pour l'élément terre, des Gnomes vivant dans l'éther de vie ; pour l'élément eau, des Ondines vivant dans l'éther chimique ou de son ; pour l'élément air, des Sylphes vivant dans l'éther de lumière ; enfin, pour l'élément feu, des Salamandres vivant dans l'éther de chaleur.

Afin de ne pas entrer dans des connaissances ésotériques trop complexes, nous vous proposons alors le schéma suivant :

- Pour s'occuper de notre corps physique, de manière globale, et plus particulièrement de son aspect solide, il existe « en nous » un être de l'élément terre qui est une sorte de Gnome.
- Pour s'occuper de notre corps éthérique, de manière globale, et plus particulièrement de l'aspect liquide de notre corps, il existe « en nous » un être de l'élément eau qui est une sorte d'Ondine.
- Pour s'occuper de notre corps astral, de manière globale, et plus particulièrement de l'aspect gazeux de notre corps, il existe « en nous » un être de l'élément air qui est une sorte de Sylphe.
- Et pour s'occuper de notre corps mental, de manière globale, et plus particulièrement de l'aspect calorique de notre corps, il existe « en nous » un être de l'élément feu qui est une sorte de Salamandre.

Ainsi, chacun de ces élémentaux agit sur notre corps physique pour le maintenir en santé, tout en étant relié à l'un de nos quatre corps.

Si cet enseignement vous intéresse, sachez qu'il est possible d'entrer en relation avec ces êtres de la Nature, vivant au sein de notre propre nature humaine, afin de collaborer avec eux.
En effet, vous pouvez facilement comprendre que votre santé pourrait bénéficier de ce travail intérieur. De plus, si vous pratiquez une voie spirituelle, la relation avec ces êtres faciliterait l'intégration de toutes sortes d'expériences spirituelles.
Bien sûr, nous pourrions comprendre que ce que nous évoquons ci-dessus puisse vous paraître complexe et difficilement accessible.
Toutefois, nous vous proposons deux exercices simples, afin de vous faciliter cette tâche.
C'est ainsi que nous souhaitons achever cet ouvrage, puisque nous venons de présenter la saison de l'été... qui symbolise le futur. Alors, entrons davantage dans cette dimension... et **communiquons avec les êtres élémentaires qui « habitent » en nous !**

Premier exercice : Vous êtes le roi ou la reine…

Vous pouvez concevoir que les quatre principaux êtres de la Nature, mentionnés plus haut, sont vos quatre « ministres » (étymologiquement le mot « ministre » signifie « serviteur » !), et que vous êtes leur roi ou leur reine ! Ainsi, de temps en temps, organisez une réunion où vous conviez votre « petit peuple » intérieur (pas seulement les quatre « ministres », mais aussi tous ceux qu'ils dirigent !).

Entouré par vos quatre « ministres » exprimez simplement et clairement ce que vous souhaitez. Bien évidemment, il serait ridicule de leur demander de vous rendre immortel ! (euh, Marcel a essayé, mais ça ne marche pas !).
Il faut leur demander des actions précises, simples et réalistes. De plus, il faut réaliser aussi votre part. (Votre corps ne peut pas aller mieux, si vous faites beaucoup d'excès ou si vous vous laissez trop aller !)
Voici un exemple : si vous vous blessez légèrement, vous pouvez appeler intérieurement les petits êtres, les motiver, et vous concentrer pour projeter votre conscience, tel un rayon de lumière, afin de collaborer avec eux à la solution, en l'occurrence la cicatrisation. Tout au long du processus, vous continuez de penser à eux, de les remercier pour leurs efforts et les stimuler. Normalement, vous cicatriserez trois à quatre fois plus vite !

Le plus important est d'apprendre à collaborer, en toutes sortes de situations, afin de vous familiariser avec ce nouveau fonctionnement. Entraînez-vous, exercez-vous, faites vos propres recherches, et vous verrez bien !
Et ne parlez pas à « tout-le-monde » de ce type d'expériences (Marcel l'a fait, et il a failli se retrouver chez les fous !). N'oubliez pas que nous vivons dans une société très insécurisée et très superstitieuse, où la science a remplacé la religion ! Soyez simplement prudents !

Deuxième exercice : Rencontre avec... ses ministres

Nous vous proposons un exercice méditatif qui vous permettra de rencontrer les quatre êtres de votre Nature intérieure.
Cet exercice peut se montrer révélateur de beaucoup de compréhensions sur vous-même, à différents niveaux de votre personnalité.
Restez simples, jouez le jeu... et partez à la découverte de vos quatre ministres !

Exercice méditatif des quatre corps

Vous pouvez enregistrer le texte de l'exercice méditatif avec votre voix, afin de pouvoir vous auto guider par la suite. Mais, vous pouvez également réaliser cet exercice en duo, et vous guider mutuellement. Peut-être que cela vous rassurera d'avoir quelqu'un à vos côtés, surtout la première fois.
Et puis, vous pourrez partager vos expériences...

1) Vous vous installez confortablement, chez vous, dans une tenue décontractée, et dans un endroit où vous ne serez pas dérangé, pendant les trente prochaines minutes. Vous fermez les yeux. Vous commencez par respirer tranquillement et profondément. Pendant quelques minutes vous vous concentrez sur votre respiration, afin de l'approfondir et de ressentir un certain état de relaxation vous gagner, petit à petit.

2) Ensuite, vous descendez lentement votre conscience au niveau de votre cœur physique, qui est, en quelque sorte, le centre de votre corps.

3) Puis, lorsque vous vous y sentez bien (sans vous concentrer sur les battements de votre cœur), demandez intérieurement à rencontrer l'être symbolique de votre corps physique, autrement dit l'être élémentaire physique, lié avec l'élément terre. Lâchez prise et soyez bien confiant.

4) Vous le rencontrez : saluez-le et remerciez-le pour son travail dans l'aspect solide de votre corps. Comment apparaît-il ? Comment se comporte-t-il ? Puis, posez-lui intérieurement ces questions : De quoi a-t-il besoin ? Quelle collaboration espère-t-il de vous ?... Laissez-lui le temps de répondre et soyez bien à l'écoute de ses réponses, ses besoins ou requêtes. Retenez-les bien. Enfin, remerciez-le... Et voyez-le qui disparaît...

5) Puis, imaginez que vous placez votre conscience dans votre corps éthérique, et la dimension de l'élément eau : pour cela, respirez bien au centre de votre poitrine, puis, imaginez que vous entrez dans un tunnel de lumière qui vous emmène au plus profond de vous-même. Et, lorsque vous vous sentez prêt, demandez à rencontrer l'être symbolique de votre corps éthérique, autrement dit l'être élémentaire éthérique, lié avec l'élément eau. Lâchez prise et soyez bien confiant.

6) Vous le rencontrez : saluez-le et remerciez-le pour son travail dans l'aspect liquide de votre corps. Comment vous apparaît-il ? Comment se comporte-t-il ? Puis, posez-lui intérieurement ces questions : De quoi a-t-il besoin ? Quelle collaboration espère-t-il de vous ?... Laissez-lui le temps de répondre et soyez bien à l'écoute de ses réponses, ses besoins ou requêtes. Retenez-les bien... Enfin, remerciez-le... Et voyez-le qui disparaît...

7) Puis, imaginez que vous entrez davantage en vous-même avec une impression d'élévation, d'aspiration vers le haut. Vous traversez un voile symbolique et débouchez dans votre corps astral. Et, lorsque vous vous sentez prêt, demandez à rencontrer l'être symbolique de votre corps astral, autrement dit l'être élémentaire astral, lié avec l'élément air. Lâchez prise et soyez bien confiant.

8) Vous le rencontrez : saluez-le et remerciez-le pour son travail dans l'aspect gazeux ou aérien de votre corps. Comment vous apparaît-il ? Comment se

comporte-t-il ? Puis, posez-lui intérieurement ces questions : De quoi a-t-il besoin ? Quelle collaboration espère-t-il de vous ?... Laissez-lui le temps de répondre et soyez bien à l'écoute de ses réponses, ses besoins ou requêtes. Retenez-les bien... Enfin, remerciez-le... Et voyez-le qui disparaît...

9) Enfin, imaginez que vous vous élevez au-dessus de votre corps astral et que vous atteignez votre corps mental en pénétrant au cœur d'un soleil, au centre de vous-même. Et, lorsque vous vous sentez prêt, demandez à rencontrer l'être symbolique de votre corps mental, autrement dit l'être élémentaire mental, lié avec l'élément feu. Lâchez prise et soyez bien confiant.

10) Vous le rencontrez : saluez-le et remerciez-le pour son travail dans l'aspect calorique de votre corps. Comment vous apparait-il ? Comment se comporte-t-il ? Puis, posez-lui intérieurement ces questions : De quoi a-t-il besoin ? Quelle collaboration espère-t-il de vous ?... Laissez-lui le temps de répondre et soyez bien à l'écoute de ses réponses, ses besoins ou requêtes. Retenez-les bien... Enfin, remerciez-le... Et voyez-le qui disparaît...

11) Maintenant, vous retrouvez la porte du grand soleil, que vous franchissez dans l'autre sens. Devant vous apparaît un bel escalier qui descend : vous l'empruntez jusqu'à vous retrouver à votre niveau de départ. Vous vous sentez bien en paix... Vous intégrez sereinement cette aventure...

12) Exprimez votre gratitude envers ces quatre êtres de la Nature qui œuvrent en vous... Puis, laissez les images disparaître et, à votre rythme, reprenez conscience du monde extérieur...

N.B. : Nous vous conseillons de noter votre expérience, sur un cahier spécial, où se retrouveront toutes les descriptions de ce genre d'aventures intérieures. N'oubliez pas de bien mettre au clair ce que les « ministres de votre Nature intérieure » vous ont montré ou déclaré, en prenant des mesures pour appliquer au mieux ce que vous en avez compris. Vous gagnerez en confiance mutuelle !

Les êtres humains du futur collaboreront aussi bien avec les êtres de la Nature (agriculture nouvelle, etc.) qu'avec ceux qui habitent en eux… et aussi avec le royaume angélique. Pour que ceci devienne possible, c'est notre responsabilité de lancer cette aventure, d'en devenir les précurseurs ! En effet, nous vivons une période où il est grand temps que l'être humain retrouve un lien puissant avec le royaume angélique et les êtres de la Nature.
Michaël, l'Esprit de notre Temps le souhaite ardemment. Dame Natura est pleinement ouverte à la collaboration avec les êtres humains.
Isis-Sophia, avec l'aide d'Uriel, peut offrir à l'aspirant un sentier lumineux ou initiatique qui lui permettra de recréer tous les liens qu'il souhaitera avec les mondes invisibles.

Nous vivons les temps de la Nouvelle Alliance,
tels que le Christ nous l'avait promis il y a deux mille ans !
La 7e Trompette a résonné !
La « Femme vêtue de Soleil » est juste de l'autre côté du voile !

Une Nouvelle Renaissance est en marche,
dans le but de bâtir le Nouveau Monde,
avec tous nos amis visibles et invisibles…
Que celui qui a des oreilles entende cet Appel !

Bibliographie

Voici quelques ouvrages qui vous apporteront des connaissances supplémentaires dans certains domaines couverts par notre livre.

Andrews Ted : *Le Monde Enchanteur des Fées* (ADA éditions)
Un livre riche par un clairvoyant qui partage ses recettes pour rencontrer les êtres de la Nature.

Dacier Christophe : *Communiquer avec son Jardin* (Lanore)
Rencontres avec des êtres de la Nature par un enseignant. Intéressant.

Ely Richard & Devos Frédérique : *Le Grand Livre des Esprits de la Nature* (Vega). **Beaucoup d'êtres de la Nature présentés succinctement (large panorama). Illustré.**

Helliwell Tanis : *Un été avec les Leprechauns* (Éditions Co-Créatives).
Passionnante expérience d'une clairvoyante.

Macy Joanna & Brown Molly : *Écopsychologie pratique et Rituels pour la Terre* (Le Souffle d'Or). **Livre essentiel pour une vision nouvelle sur la Nature et sa guérison potentielle.**

Paracelse : *Le Livre des Nymphes, Sylphes, Pygmées, Salamandres et de tous les autres esprits* (Lacour – Nîmes). **Le livre de base de Paracelse, avec une très longue introduction d'une intellectuelle pitoyable qui s'est appropriée le livre de Paracelse, du nom de Sylvie Paris !**

Marko Pogacnik: *A la Rencontre des êtres élémentaires* (Mouvement de Culture Bio-dynamique)
Un livre important qui renouvèle les connaissances concernant les êtres de la Nature : par un authentique clairvoyant et guérisseur de la Nature.

Ronecker Jean-Paul : *Encyclopédie illustrée des Esprits de la Nature* (Éditions Trajectoire).
Tout est dans le titre. Très vaste.

Steiner Rudolf : *Les êtres élémentaires* (EAR – Genève)

Présentation de l'auteur

Pierre Lassalle

Auteur de référence dans plusieurs pays, ***Pierre Lassalle*** né en 1955 près de Paris, a commencé à écrire à l'âge de 13 ans et ne s'est jamais arrêté ! Il est l'auteur d'une trentaine de livres, dont plusieurs best-sellers et traductions, ayant vendu plus de 350 000 exemplaires jusqu'à maintenant. Conférencier international, il a donné environ 1200 conférences dans des pays francophones.

Issu d'un milieu très sportif, ***Pierre Lassalle*** était un cycliste de haut niveau pendant sa jeunesse. C'est sa quête d'excellence et de transcendance sur la scène sportive, associée à un gout de l'aventure et de challenges de toute sorte, qui l'a amené à la voie spirituelle et l'épanouissement de l'esprit humain au travers de l'héroïsme.

Sa passion pour la connaissance et l'évolution de l'être humain le conduit à une étude profonde et une pratique intensive de la psychologie, sophrologie, astrologie, numérologie ainsi que de nombreux enseignements spirituels tant orientaux qu'occidentaux.

En partageant ses recherches et ses expériences pratiques, son but premier est d'apporter plus de fraternité et d'espérance dans le monde. C'est la vraie nature de son travail. Avec ce vœu du cœur, il crée des activités basées sur l'héroïsme et la mise en pratique d'une voie spirituelle occidentale selon les enseignements de ses livres.

Engageants, révolutionnaires et héroïques, ses livres (aussi en co-écriture avec son épouse Céline Lassalle) allient la connaissance spirituelle profonde et l'humour avec une grande clarté et simplicité. Une invitation et un encouragement sincère à adopter une nouvelle vision de soi-même, à découvrir et développer le potentiel divin contenu dans son cœur et à l'offrir au monde. Grâce à ses recherches clairvoyantes, l'auteur nous conduit au-delà des frontières connues afin d'explorer les nouvelles dimensions et territoires infinis de notre monde intérieur : un chemin de liberté et d'amour.

De nombreuses méthodes pratiques et exercices parsèment ses livres afin de révéler le vrai Soi. Bien plus que de simples livres, ce sont des expériences transformatrices de la vie !

Citons pour exemple (aux Éd. Terre de Lumière) :

✻ « *Natura, ou les Secrets du Livre de la Nature* » (2013). Ce livre (avec exercices pratiques) dévoile comment l'être humain peut s'y prendre pour apporter rédemption et évolution à la Nature. Collaborer avec la Nature pour créer un Nouveau Monde ? C'est possible ! Ce livre vous offre les moyens concrets d'y parvenir.

- Un *agenda 2014* a été créé par Céline Lassalle et Lucidaëlle avec des esquisses d'êtres de la Nature et des poèmes pour s'y relier. Toutes les fêtes citées dans le livre « Natura » sont mentionnées, afin de vous permettre de les suivre tout au long des saisons.

- En complément, il existe également un *calendrier artistique et mural 2014*, créé par Lucidaëlle, avec de belles reproductions et l'indication des fêtes contenues dans le livre « Natura ».

L'ouvrage « Natura », ainsi que l'agenda et le calendrier mural (aux éditions Terre de Lumière), constituent un ensemble pour rendre hommage à Dame Natura ou Mère Nature.

✻ « *Artémis et Apollon* » (2013). Ce livre (avec exercices pratiques) dévoile l'essentiel de qui sont ces grands dieux et ce qu'ils vous proposent aujourd'hui : développer vos forces féminine et masculine, afin de mieux les unir et rayonner qui vous êtes avec harmonie.

✻ « *Numérologie Sophianique* » (2012), un ouvrage simple et pratique avec des méthodes exclusives pour « vivre » les Nombres en soi, et mieux organiser sa vie, pour la rendre victorieuse.

✻ « *Le Tarot des Héros* » (2012), un livre-tarot, mode d'emploi pour une vie héroïque, qui répond à n'importe quelle question, et donne envie aux jeunes (et aux moins jeunes !) de se transcender et d'aimer la vie, (coffret avec 33 cartes couleurs).

✻ « *Maîtrisez votre Destinée par les cycles de 7 ans* » (2012), qui dévoile les mystères de la destinée humaine et ses cycles de 7 ans : un véritable mode d'emploi de la vie, outil pratique et pédagogique.

✻ « *Vers une Nouvelle Éthique – Un mode d'emploi pour une nouvelle humanité* » (2012), pour entrer en relation avec les Vertus (les Forces qui nous font accomplir des « miracles » !), apprendre à les cultiver en soi et agir selon un code éthique individualisé, pour le plus grand bien de tous (avec 12 représentations en couleur des Vertus).

✻ « *L'Héroïsme de l'Amour – De l'amour courtois à l'Amour Vertueux* » (2012), révèle ce qu'est vraiment l'Amour. Il délivre tous les secrets pour vivre la victoire de l'amour au sein de la vie de couple. Un chemin véritablement nouveau pour la pratique du couple aujourd'hui parsemé d'aventure, de jeu, d'héroïsme et de Vertus.

✻ « *La Vie Spirituelle – Lumière sur le sentier spirituel occidental* » (2011), qui réunit toutes les connaissances ésotériques nécessaires pour une juste évolution spirituelle à notre époque, en tant qu'Occidental.

✻ « *Parler le Langage des Anges* » (2011), afin de mieux connaître la vie de nos amis ailés, et entrer en contact avec eux de manière juste, au-delà du folklore et des désirs égoïstes.

✻ « *Le Nouveau Tarot de l'Individualisation* » (2011), pour apprendre à se créer une individualité, à devenir pleinement soi-même, tout en s'amusant, (coffret avec 33 cartes couleurs).

✻ « *L'Aventure Héroïque* » (2010), un mode d'emploi de la vie héroïque, où les lois de la manifestation sont maîtrisées, afin d'atteindre n'importe quel but ou de réaliser n'importe quel projet.

✻ « *Cyberespace* » (2010), un thriller ésotérique captivant qui vous entraîne dans un proche futur où des héros et des héroïnes se voient confier le sort de la destinée humaine.

✻ « *Les Mystères de la Dame à la Licorne* » (2008), un livre d'art très illustré (en couleur), qui dévoile les mystères des célèbres tapisseries de la Dame à la Licorne, et qui souligne l'existence d'un nouveau courant artistique : l'Art Imaginatif.

✻ « *Le Sentier du Graal* », qui explicite tous les mystères reliés aux romans du Graal et à son héros, Perceval, modèle de l'aspirant Occidental pour notre temps.

✻ *« CD de Méditations »* L'auteur a aussi créé plusieurs méditations guidées qui proposent un travail de méditation spécifique sur un chakra, la création de son sanctuaire intérieur ou la rencontre avec son « guide intérieur ». La musique réalisée par Pierre Lescaut, adaptée à chaque méditation, permet de ressentir toute la richesse de son monde intérieur.

Bibliographie

Aux éditions Terre de Lumière

Collection ***NOUVELLE PSYCHOLOGIE***

Maîtrisez votre Destinée de Pierre Lassalle
Vers une Nouvelle Éthique de Céline & Pierre Lassalle
L'Héroïsme de l'Amour de Céline & Pierre Lassalle
L'Aventure Héroïque de Céline & Pierre Lassalle

Collection ***SPIRITUALITÉ OCCIDENTALE***

Parler le Langage des Anges de Céline & Pierre Lassalle
La Vie Spirituelle de Pierre Lassalle

Collection ***CONNAISSANCE DE SOI***

Numérologie Sophianique de Pierre Lassalle, en collaboration avec Céline Lassalle
Le Tarot des Héros de Pierre Lassalle
Le Nouveau Tarot de l'Individualisation de Pierre Lassalle, en collaboration avec Céline Lassalle

A paraitre dans la même collection :
Astrologie Sophianique de Pierre Lassalle

Collection ***THRILLER ÉSOTÉRIQUE***

Cyberespace de Pierre Lassalle

Collection ***ART IMAGINATIF***

Les Mystères de la Dame à la Licorne de Pierre Lassalle

Collection ***MYTHIKA OU NOUVELLE MYTHOLOGIE***

Artémis & Apollon de Céline et Pierre Lassalle

HORS COLLECTION

Natura ou les Secrets du Livre de la Nature de Pierre Lassalle
Avec la collaboration de Céline Lassalle & Lucidaëlle

AGENDAS « NOUVEAUX HORIZONS »

Mon Agenda Horizon 2014 sur le thème de « *Natura, ou les Secrets du Livre de la Nature* » de Céline Lassalle & Lucidaëlle

CALENDRIER

Calendrier 2014 des œuvres et illustrations de Lucidaëlle

LOGICIELS

« Num-Héros ». Logiciel de Numérologie Sophianique, créé par André Fortier. Parfait complément du livre « Numérologie Sophianique » de Pierre Lassalle (avec la collaboration de Céline Lassalle), Num-Héros vous permettra de calculer vos principaux Nombres en un instant ! Disponible à cette adresse :

www.editions-terre-de-lumiere.com/num-heros

CONFÉRENCES ENREGISTRÉES CD ET MP3

De nombreux CD de conférence (et MP3) données par Pierre Lassalle et/ou Céline Lassalle (en Europe et au Québec) à l'occasion de la sortie de leurs ouvrages, sont disponibles sur le site :

www.editions-terre-de-lumiere.com

E.BOOKS

A paraître en fin 2013, tous les livres de Céline & Pierre Lassalle en e.book !
Disponible sur les sites :

www.editions-terre-de-lumiere.com et Apple Store etc...

Diffusion Terre de Lumière

Ouvrages de Pierre Lassalle

Le Sentier du Graal
Le Graal et l'Éternel Féminin
Initiés & Mystères
Astrologie & Relations Humaines
L'Expérience du Christ (épuisé)
Manuel Pratique de l'Astrologie Holistique (épuisé)
La Mission Spirituelle de l'Europe (poche)
Parousie, La présence du Christ (poche)

Et aussi... une entrevue pour mieux connaître l'auteur :

Rencontre avec... Pierre Lassalle de Céline Divoor

CD de Méditation guidée

A paraître prochainement des nouvelles collections de CD de Méditations guidées de Céline & Pierre Lassalle.

Sanctuaire - Création d'un sanctuaire psychique et de guérison
Rencontre - Rencontre avec son guide spirituel (épuisé)
Purification de l'aura (épuisé)
Natura – Le chakra racine
Pistis – Le chakra sacré
Excalibur – Le chakra solaire
Graal – Le chakra du cœur (épuisé)
Sophia– Le chakra laryngé
Michaël – Le chakra frontal (épuisé)
Christus – Le chakra coronal

Contactez-moi

Europe : Éditions Terre de Lumière
Pierre Lassalle
C.P. 133
1213 Onex (Genève) – Suisse

Québec : Pierre Lassalle
C.P. 56021 – 1500 Atwater
Montréal (Québec), H3Z 3G3, Canada
Tél : 1-877 682-8764 (sans frais)

E-mail auteur : **graalia@editions-terre-de-lumiere.com**

Illustration de la couverture : si vous êtes intéressé(e) par le tableau de couverture de Lucidaëlle (Lucie Delalain), rendez-vous sur le site des Éditions Terre de Lumière pour tout achat de posters (format A3+ ou A2 au choix). Découvrez les autres œuvres de l'artiste, réalisées en Art Imaginatif.

Lien Internet : **www.editions-terre-de-lumiere.com/lucidaelle**

CATALOGUE DES OUVRAGES SUR DEMANDE

Éditions Terre de Lumière
75, rue de Wattignies
75012 Paris – France
Tél/Fax : +33 (0) 1 44 73 43 18

contact@editions-terre-de-lumiere.com
www.editions-terre-de-lumiere.com

Pour tout renseignement concernant les conférences et activités organisées autour des ouvrages de Pierre Lassalle, vous pouvez écrire à l'adresse suivante (merci de joindre un timbre) :

Mr Bruno Mairet
(Veillez à ne mettre aucun autre nom sur l'adresse, sinon le courrier ne parviendra pas à l'auteur)
105, route des Pommiers
Centre UBIDOCA – 6380
74370 Saint-Martin-Bellevue – France
Tél. : +33 (0) 5 16 44 09 56

DEMANDE DE RENSEIGNEMENTS

Nom :...
Prénom :..
Adresse :...
Code postal :...
Ville :..
Pays :..
Téléphone :...